Iniciação na fé

Dados Internacionais de Catalogação na Publicação (CIP)
(Câmara Brasileira do Livro, SP, Brasil)

Haenraets, Paulo
    Iniciação na fé : preparação para a Primeira
Eucaristia : 1ª etapa, catequista / Paulo
Haenraets. – Petrópolis, RJ : Vozes, 2006.

    1ª reimpressão, 2018.

    ISBN 978-85-326-3348-4
    Bibliografia.
    1. Catequese familiar 2. Primeira Comunhão –
Estudo e ensino I. Título.

06-3803   CDD-264.36

Índices para catálogo sistemático:

1. Primeira Eucaristia : Preparação para o
Sacramento : Cristianismo 264.36

Pe. Paulo Haenraets

INICIAÇÃO na fé

Preparação para a primeira eucaristia

1ª etapa – CATEQUISTA

EDITORA VOZES

Petrópolis

CONSELHO EDITORIAL

Diretor
Gilberto Gonçalves Garcia

Editores
Aline dos Santos Carneiro
Edrian Josué Pasini
Marilac Loraine Oleniki
Welder Lancieri Marchini

Conselheiros
Francisco Morás
Ludovico Garmus
Teobaldo Heidemann
Volney J. Berkenbrock

Secretário executivo
João Batista Kreuch

Coordenação editorial: Marilac Loraine R. Oleniki
Diagramação: AG.SR Desenv. Gráfico
Capa: Monique Rodrigues / Marta Braiman
Ilustração da capa: Gustavo Montebello

ISBN 978-85-326-3348-4

Este livro foi composto e impresso pela Editora Vozes Ltda.

Sumário

Apresentação

É com muita alegria que apresentamos o Livro **"INICIAÇÃO NA FÉ – Preparação para a Primeira Eucaristia-1ª etapa"**, do Pe. Paulo Haenraets, fruto do trabalho desenvolvido por muitos anos na Paróquia São Judas Tadeu, em Piracicaba.

Sua proposta de uma catequese familiar, envolvendo a família, a criança e o catequista no processo catequético-evangelizador, é de grande utilidade, pois o maior desafio que a nossa Igreja enfrenta é o da integração da família na catequese e na comunidade.

Através de passagens bíblicas, leva a conhecer a História da Salvação, a Doutrina da Fé e a Iniciação ao Ano Litúrgico. Tudo isso motiva o catequizando e sua família a assumir um compromisso mais autêntico e eficaz com o projeto de Jesus.

Aprovamos e autorizamos com muita satisfação o uso deste subsídio. E os que utilizarem este material, que o façam com carinho, vivenciando a fé em comunidade eclesial e familiar.

+ Fernando

Dom Fernando Mason
Bispo de Piracicaba

Introdução

Este livro é um manual de trabalho para catequistas, que têm a missão tão preciosa de anunciar a Boa-Nova a crianças, no seu primeiro contato com a catequese paroquial.

As catequistas Dirleni de F.S. Scaraficci e Neide Maria Romanini e muitos outros, fortalecidos nas suas convicções pela experiência do seu trabalho junto às famílias dos catequizandos, ajudaram a elaborar este livro, para ser usado na primeira etapa da primeira Eucaristia destinada a crianças alfabetizadas ou a partir de 8 anos de idade, mediante a necessidade de complementar os – que foram publicados – pela Editora Vozes que são: "Iniciação na fé – Um caminho para a Catequese Familiar" e "Iniciação na fé – Eucaristia- 2ª etapa", volume para catequista e volume para catequizando.

O método deste livro não propõe encontros semanais com a família. Nesta fase entendemos ainda que não há necessidade de pedir a presença dos pais, de maneira mais participativa com uma presença semanal. No entanto, o trabalho aqui apresentado supõe uma presença bem ativa e um intercâmbio muito grande entre pais e filhos na aprendizagem do conteúdo catequético em resposta à experiência de tantos catequistas, que pede a presença ativa dos pais, oferecendo neste livro uma resposta e um caminho de catequese familiar.

Este trabalho tem como objetivo desenvolver nas crianças o costume e a condição de uma escuta aprofundada da Palavra de Deus, no seu ambiente natural que é a sua família, e no mundo que está se abrindo para elas, levando-as a um encontro pessoal com Jesus Cristo.

Agradeço esta equipe por este trabalho em benefício de tantos catequizandos e famílias.

Pe. Paulo Haenraets

Orientações gerais

1. Orientações para o uso do livro do catequizando

A nossa proposta metodológica para cada encontro envolve os seguintes itens:

– **Texto-base**. É um pequeno texto que serve de referencial para o catequizando e que poderá ser aprofundado pelo catequista. É aconselhável variar sempre o modo de apresentá-lo. Este texto-base encontra-se somente no livro do catequizando.

– **Celebração**. É o momento em que o catequizando irá trabalhar diretamente com a Palavra de Deus. Por isso é importante criar um clima de oração, e, sempre que possível, preparar o ambiente com toalha branca, flores e vela para a mesa onde ficará exposta a Bíblia. De vez em quando, fazer uma entrada solene, acompanhada de um canto relativo à Bíblia. Neste item constam: proclamação, reflexão e partilha da Palavra de Deus. É preciso explicar-lhes o significado de cada um destes itens, para que entendendo-os possam valorizá-los e, assim, tenham um melhor aproveitamento. Na verdade, é o momento mais importante de cada encontro.

11

Proclamação. É importante que o texto bíblico não seja apenas lido, mas sim proclamado, isto é, anunciado com ênfase, de maneira que os catequizandos sintam a força que tem a Palavra de Deus. Faz parte da missão do catequista ensinar-lhes a proclamar bem. Alguns catequizandos talvez não tenham uma boa leitura, o que dificulta ainda mais para proclamar. É preciso investir e acreditar neles, ensinando-os, o quanto for necessário. Oriente-os, desde o primeiro encontro, em relação à postura que se deve ter ao proclamar a Palavra de Deus. Quem for proclamar deve ficar em pé e agir com todo respeito, pois esta não é uma palavra qualquer, mas é a Palavra de Deus.

Reflexão. É o momento de valorizar a Palavra, atualizando-a no dia-a-dia do catequizando. As reflexões que constam neste livro são apenas uma ajuda ao catequista. Sinta-se à vontade para transmiti-las com suas palavras e acrescentar algo que julgar importante.

Partilha. Este momento é de grande importância, pois partilhar é permitir que a Palavra entre e ilumine a história de cada um, para que assim eles percebam a ação de Deus, hoje, em suas vidas. Sugere-se o cuidado de não interpretar a Palavra a seu modo para que ela não perca a sua força. O catequista deve ser o primeiro a partilhar, ensinando aos catequizandos a colocarem a Palavra de Deus em suas vidas. Para isso é necessário orientá-los de que a partilha é uma oportunidade que Deus nos dá de percebermos a maneira que vivemos e, à luz de sua Palavra, descobrirmos em que precisamos melhorar para vivermos conforme a sua vontade.

12

– **Atividades**. Foram elaboradas dentro do tema de cada encontro, com o objetivo de partilhar experiências, fixar e interiorizar o conteúdo... Entretanto, o catequista é livre para enriquecê-las e adequá-las à realidade dos catequizandos. Em alguns encontros, talvez não haja tempo suficiente para desenvolver todas as atividades propostas. É interessante orientá-los a terminá-las em casa, conscientizando-os da prioridade que devemos dar às coisas de Deus em nossa vida.

Com relação à atividade número 1, note que sempre se refere à partilha de cada um, referente ao texto bíblico de cada encontro. Portanto, oriente-os a colocá-la na 1ª pessoa do singular (eu...), pois ela é pessoal.

É importante, também, valorizar as atividades que solicitam desenhos, pois têm a finalidade de levar o catequizando a momentos de silêncio interior, a exteriorizar seus sentimentos e desenvolver sua criatividade.

– **Compromisso do encontro**. O compromisso se divide em duas partes: É importante que a primeira parte seja preenchida pelo catequizando no final do encontro, com a orientação do catequista, que o ajudará a fazer um pequeno resumo do que aprendeu. A segunda parte deverá ser feita em casa. Valorize este item, verificando, periodicamente, se está sendo feito, procurando acompanhar e ajudar no amadurecimento e compromisso do catequizando.

– Diálogo com a família. É muito importante conscientizar que os pais são os primeiros e principais catequistas dos seus filhos. É preciso insistir desde o início com os pais que a conversa e as perguntas sugeridas, são um caminho necessário e irão facilitar a transmissão da fé, por meio da experiência da vida deles. O que fará o diálogo acontecer é a espontaneidade entre pais e filhos de falar das coisas de Deus e do poder dele em suas vidas. A finalidade do diálogo é fortalecer a fé e a união na família para que sejam ainda mais felizes. É importante que as respostas ou resumos das conversas sejam escritos por eles, com a orientação dos pais. Sugerimos não corrigir as respostas dos diálogos, respeitando-se, assim, aquilo que os pais responderam. Periodicamente, recolher os livros e verificar se eles estão sendo feitos. Caso não estejam, motivar os catequizandos a fazê-los.

Sabemos que em cada grupo tem catequizandos com modelos diferentes de família (somente pai, somente mãe...). Não podemos ignorar esta situação. Devemos falar sobre isto com muita compreensão e sem julgamento. Mas também não podemos deixar de falar o que diz a Palavra de Deus a respeito da família. Nesse caso, o diálogo deve ser feito conforme a situação, a realidade e as possibilidades de cada um.

– Acolhida. Embora não mencionada nos encontros, a acolhida deve acontecer em todos eles. Sinta-se à vontade para criar e inovar. O importante é acolher os catequizandos com muito amor e carinho, valorizando a presença e a história de cada um.

– Oração inicial. Sugerimos iniciar os encontros com a Oração ao Espírito Santo, para que, por Ele iluminados, todos possam ter um melhor aproveitamento e compreensão dos ensinamentos a serem transmitidos. Se preferir, escolha um canto invocando o Espírito Santo ou a Santíssima Trindade.

– Encerramento. Embora nem sempre mencionado de maneira específica, os encontros devem sempre ser encerrados com uma oração (Ave-Maria, Pai-Nosso, Salve Rainha, Oração do Anjo da Guarda...), um canto, orações espontâneas ou o abraço da paz.

– **Planejamento**. O roteiro que seguimos dividimos em três partes. Na primeira parte tratamos de alguns momentos importantes da história da salvação, desenvolvendo um pouco mais o tema da criação e as parábolas de Jesus. A segunda parte trata das festas do ano litúrgico. **É importante que o catequista esteja atento às festas litúrgicas para inserir estes encontros o mais próximo possível das festas.** Na terceira parte constam cinco sugestões para revisão dos encontros.

2. Orientações para o catequista

No primeiro encontro é preciso fazer uma calorosa acolhida de boas-vindas aos catequizandos, levando-os a conhecer a metodologia de trabalho que será usada no decorrer da catequese. Para favorecer o seu trabalho apresentamos, na seqüência, uma sugestão.

É importante despertar nos catequizandos a responsabilidade pelo horário de início da catequese e quanto aos materiais indispensáveis: a Bíblia e o livro do catequizando. Precisa suprir, por algum meio, quem não tenha condições de adquiri-los.

É também importante educá-los para ouvir prestando atenção ao que está sendo falado. Pois, ensinando-os a ouvir na catequese, estaremos contribuindo para que eles ouçam seus pais, professores, amigos...

As revisões que propomos têm como objetivo ajudá-los a recordar e memorizar os acontecimentos importantes da história da salvação. Julgamos importante fazê-las periodicamente.

Após a realização de cada revisão, sugerimos que as recolha para verificar o aproveitamento deles e, no encontro seguinte, cada catequizando poderá, auxiliado pelo catequista, corrigir as respostas erradas, completar ou responder aquelas que, eventualmente, tenha deixado em branco.

Desejamos que este manual o ajude a realizar um bom trabalho no desenvolvimento dos encontros e na transmissão da fé aos catequizandos. Tendo sempre em mente que a missão principal do catequista é fazer um anúncio forte e profundo de Jesus Cristo Vivo, Ressuscitado, Salvador e Senhor da nossa vida. É preciso levá-lo ao coração dos catequizandos para que eles O acolham, O obedeçam e O amem. Somente assim as verdades que lhes serão reveladas e ensinadas produzirão frutos de conversão duradoura.

Sugestão para realizar o encontro de acolhida

Apresentamos uma proposta de acolhimento que será desenvolvida em 5 momentos:

1º momento

- Iniciar o encontro acolhendo os catequizandos com muita alegria, de modo que sintam-se bem-vindos.

- Canto (sugestão):

  Seja bem-vindo, olelê.

  Seja bem-vindo, olelê, seja bem-vindo, olalá! Paz e bem pra você que veio participar.

  Um abraço dado de bom coração, é como uma bênção de Deus para o irmão! (KOLLING, 2004).

- Convidá-los a fazer o sinal-da-cruz e rezar o Pai-Nosso de mãos dadas. (Perguntar que oração já conhecem)

- Em seguida, fazer a proclamação do seguinte texto bíblico: Is 43,1-2.

- Conversar com os catequizandos sobre o valor do nome de cada pessoa, nomes lindos dados por nossos pais, mas inspirados por Deus. Comente sobre o amor, a proteção e o cuidado que Deus tem conosco e reflita com eles sobre o cuidado que os pais também têm por seus filhos.

- Convidá-los a participar da dinâmica na qual cada um irá se apresentar.

15

2º momento

Dinâmica: A teia da amizade[1]

1. Dispor os participantes em círculos.

2. O catequista toma nas mãos um novelo (rolo, bola) de cordão ou lã. Em seguida, prende a ponta do mesmo em um dos dedos da sua mão.

3. Pedir que cada um preste atenção na apresentação que ele fará de si mesmo. Assim, logo após apresentar-se, brevemente, dizendo quem é, de onde vem, o que faz, etc., joga o novelo para um dos catequizandos à sua frente.

4. Este apanha o novelo e, após enrolar a linha em um dos dedos, irá repetir o que lembra sobre o catequista que terminou de se apresentar e que lhe atirou o novelo. Após fazê-lo, o catequizando irá se apresentar, dizendo quem é, os nomes dos pais e irmãos e o que gosta de fazer.

5. Assim se dará, sucessivamente, até que todos do grupo se apresentem e se conheçam. Como cada um atirou o novelo adiante, no final haverá no interior do círculo uma verdadeira teia de fios que os une uns aos outros.

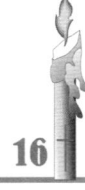

Pedir para os catequizandos dizerem:

- Se gostaram de participar da dinâmica.
- Se observaram que quando nos unimos somos capazes de construir coisas bonitas, a teia, por exemplo.
- O que aconteceria se algum deles soltasse seu fio...
- Concluir dizendo que todos somos importantes na mesma teia que é a vida. Cada um de nós tem coisas boas para contribuir.

3º momento

O próximo passo é convidá-los a conhecer o material de catequese que será usado no decorrer do ano.

Apresente-lhes a Bíblia que será usada nos encontros.

A seguir, apresente aos catequizandos o livro **Iniciação na fé – Eucaristia – 1ª Etapa – Catequizando.**

[1] BITTENCOURT, José Eduardo. SOUZA, Sérgio Jeremias de. *Como fazer dinâmicas.* São Paulo: Ave Maria, 2004, p. 6 (adaptação).

Mostre-lhes de que forma ocorrerá o desenvolvimento dos encontros:

- Texto inicial
- Celebração
- Atividades
- Compromisso do encontro
- Diálogo com a família

4º momento

Orientar os catequizandos que é preciso respeitar algumas normas para que os encontros tenham bom êxito:

- Vestir-se adequadamente.
- Trazer para a catequese somente o material que o catequista recomendar.
- Chegar no horário marcado.
- Procurar não faltar a nenhum encontro da catequese.
- Ter respeito e saber fazer silêncio.
- Participar da Missa todos os domingos.

5º momento

Compromisso do encontro

- Chamar cada colega pelo próprio nome. Evitar o uso de apelido.
- Em casa, com o auxílio dos pais, preencher a ficha pessoal que consta no início do livro do catequizando.
- Encerrar o encontro cantando a seguinte música (sugestão) ou outra do conhecimento deles, convidando-os a dar o abraço da paz:

Quero te dar a paz

Quero te dar a paz, do meu Senhor, com muito amor

1. Na flor vejo manifestar o poder da criação. Nos teus lábios eu vejo estar o sorriso de um irmão. Toda vez que te abraço e aperto a tua mão, sinto forte o poder do amor dentro do meu coração. (KOLLING, 2004).

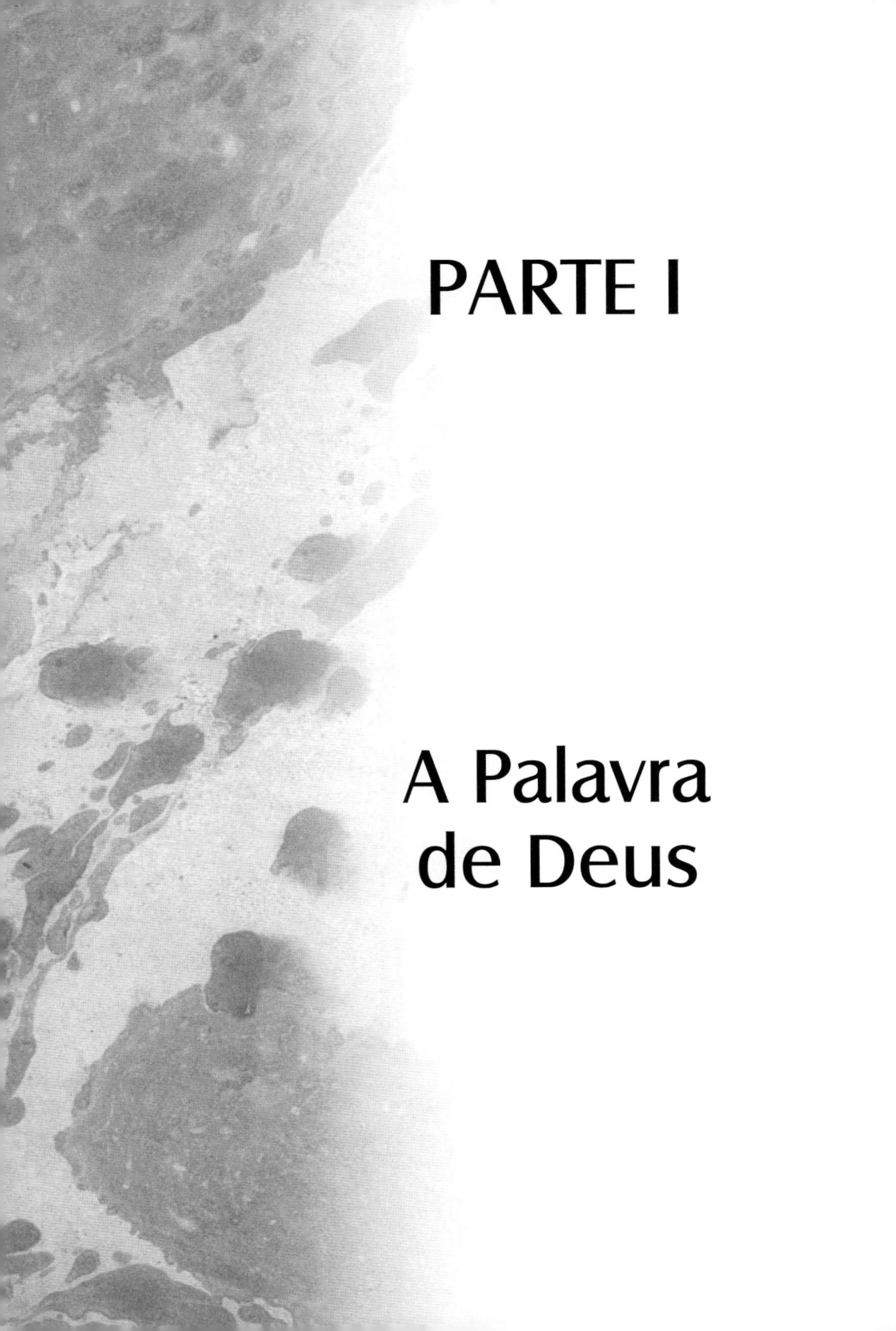

PARTE I

A Palavra de Deus

1

ENCONTRO NA CASA DO PAI

Celebração

Proclamação da Palavra de Deus:
Mc 10,13-16

Reflexão

Explorar com os catequizandos que Jesus ama as crianças e deseja que sejam muito felizes. Por isso é muito importante que, desde pequenos, participem da comunidade e tomem gosto pela Igreja, que lhes ensina a viver no amor, praticar o bem... Lembre-os que a catequese é uma oportunidade que a Igreja lhes dá de se encontrarem com Jesus Cristo, que um dia os alimentará com a eucaristia. Falar também do respeito que devem ter na casa de Deus.

Partilha

Poderá iniciar partilhando com eles o amor que você tem pela Igreja e o quanto se sente feliz servindo como catequista na comunidade.

No desenvolver da partilha, poderá questioná-los: como tem sido a participação de vocês na missa? Como está o comportamento de vocês dentro da igreja?

Atividades

1. Depois de terem partilhado o texto bíblico, orientá-los a responder as perguntas que constam no livro do catequizando.

2. Convide-os a visitar a igreja ou capela, levando-os a conhecer alguns sinais.

Sugestão: Preparar com antecedência: túnica, casula, estola do padre, cálice, hóstias não consagradas, galhetas, vela, sinais que serão abordados na visita à igreja.

• Ao chegar, sugerimos cantar a música: **Alegres vamos à casa do Pai**: (KOLLING, 2004, n. 464) ou outra de conhecimento deles:

• Dizer-lhes que a Igreja é um lugar sagrado que merece muito respeito.

• Convidá-los a conhecer alguns sinais relacionados à Eucaristia. À medida que for esclarecendo o significado, deixe-os tocar com todo respeito.

• Dirigir-se à Pia Batismal. Falar que é na Pia Batismal que recebemos o nosso batismo.

• Em seguida, dirigir-se até o altar. Explicar que o altar é Cristo, centro de todo o edifício.

22

• Mostrar a cruz e dizer-lhes que ela indica o Cristo morto, ressuscitado e vitorioso.

• Deslocar-se, agora, até o local onde está o Santíssimo Sacramento. Lembrá-los de fazer uma genuflexão em frente ao Santíssimo, em sinal de respeito e adoração. Explicar que no sacrário se encontram as hóstias consagradas, que são guardadas após a missa. Jesus está vivo, presente no sacrário.

• Indicar-lhes a vela, a qual é acesa minutos antes de iniciar a missa. A vela acesa nos lembra Jesus Cristo luz do mundo. É também sinal de festa.

• Mostrar-lhes as galhetas que são levadas no ofertório. Uma contém água e a outra vinho.

• Deixar que olhem de perto ou toquem com muito cuidado no cálice e na patena em que estão as hóstias não consagradas. Dizer-lhes que no cálice se deposita o vinho que vai ser transformado em sangue de Jesus. E a hóstia representa o pão, que depois de consagrada se torna o corpo de Jesus.

• Por último, deixe que toquem a túnica, a casula e a estola do padre, as quais são usadas por ele para celebrar a eucaristia, batizar...

3. A seguir, poderá retornar com eles à sala de catequese. Ajude-os a fazer a atividade que consta no livro do catequizando.

4. Para encerrar esse encontro, sugerimos dizer-lhes da alegria que devem ter ao chamar o nosso Deus de Pai. Então, cantar a oração do Pai-Nosso.

Compromisso do encontro

1. Oriente-os a anotar o que mais gostaram de aprender neste encontro.

2. Motive-os a participar da missa, lembrando-os do respeito que devem ter na casa de Deus.

Diálogo com a família

Orientá-los a contar aos pais sobre a visita à igreja (ou capela) e o que aprenderam no encontro. Incentivá-los a convidar os pais para participarem da Missa.

23

2

A BÍBLIA: DEUS QUER FALAR COMIGO

Celebração

Convidar um catequizando para fazer a entrada solene da Bíblia, enquanto todos cantam a seguinte música: (sugestão): **Eu vim para escutar** (KOLLING, 2004, n. 541).

Proclamação da Palavra de Deus:

Mt 7,24-27

Reflexão

Conscientizar os catequizandos que a Palavra de Deus é amor; ela ensina o que é certo. Praticar o que ela diz é realizar a vontade de Deus. E quando eles realizam apenas o bem, se tornam fortes como uma rocha. Por exemplo: mesmo que venha algum colega lhes contar fofoca, não sentem vontade de ouvir. Quando sua mãe lhes pede para fazer algo, não são capazes de dizer não... porque nos seus corações só tem amor.

Partilha

A partir do texto bíblico, explorar com eles que ouvir e colocar em prática a Palavra de Deus é dizer sim à obediência, ao trabalho, ao estudo, à verdade, às boas atitudes... A seguir, questione-os: Vocês estão dispostos a ouvir com atenção a Palavra de Deus nos encontros de catequese e praticar, apenas, o que é da vontade de Deus?

Atividades

1. Orientá-los a responder a pergunta que consta no livro do catequizando.

2. Levá-los a conhecer um pouco sobre o manuseio da Bíblia. Mostrar-lhes como a Bíblia é dividida, ajudando-os a descobrir onde se dá o início e o final do Antigo e do Novo Testamento. Dizer-lhes que o Antigo Testamento foi escrito antes do nascimento de Jesus e o Novo Testamento, após seu nascimento. Orientá-los a usar o índice para localização dos livros que compõem a Bíblia, ensinando-lhes algumas abreviaturas. Destacar as explicações básicas, quanto ao capítulo, versículo, vírgula e traço, que constam no livro do catequizando. É importante reforçar este aprendizado no decorrer dos encontros, até que os catequizandos aprendam melhor o manuseio da Bíblia.

Ajudá-los a completar a cruzadinha, de modo que comecem a memorizar algumas coisas práticas, que serão usadas no decorrer dos encontros.

25

3. Ensiná-los a localizar em que parte da Bíblia ficam os evangelhos, orientando-os a anotar o nome dos evangelistas.

A seguir, ajude-os a pesquisar Jo 14,23, motivando-os a ler o que Jesus nos ensina e anotar o versículo, guardando-o em seu coração.

4. Orientá-los a decifrar as palavras e completar o versículo.

5. Encerrar o encontro, enfatizando a importância de ouvirem e colocarem em prática a Palavra de Deus, que os faz fortes como uma rocha e nenhum mal é capaz de lhes atingir. Convide-os a cantar a seguinte música (sugestão): **Passar para a ação** (Mt 7,24-27), Ir. Míria T. Kolling (K7 – A boa notícia – lado B – música 3 – Comep).

Compromisso do encontro

1. Ajudá-los a resumir em poucas palavras o que aprenderam sobre a Bíblia.

2. Lembrá-los da importância de trazer a Bíblia nos encontros e do zelo que devem ter por ela. Motivá-los a realizar a proposta do encontro.

Diálogo com a família

Incentivá-los a contar aos pais o que aprenderam e, com a ajuda deles, pesquisar o versículo e anotar o que Jesus lhes disse por meio da Bíblia.

3

PRIMEIRO DIA DA CRIAÇÃO – A LUZ

Celebração

Proclamação da Palavra de Deus:
Gn 1,3-5

Reflexão

Destacar junto aos catequizandos que a luz é símbolo de vida, felicidade e alegria. Explorar com eles a importância do dia e da noite. Motivá-los a agradecer a Deus a cada manhã, por abrir os olhos, e na claridade do dia poder realizar tantas coisas boas, ao lado da família e amigos. E, também, agradecer a Deus pela noite escura e silenciosa que Ele fez para a gente dormir e descansar.

27

Partilha

Comente com eles: se só existisse o dia, seria possível renovar as forças sem dormir e descansar? E se só existisse a noite, seria possível caminhar na escuridão e realizar todos os trabalhos, estudar, vir à catequese...? Deixe-os falar.

Em seguida,questione-os: Vocês reconhecem que o dia e a noite são importantes para suas vidas?

Atividades

1. Após a partilha, peça que anotem se o dia e a noite são importantes para eles e expliquem por quê.

2. Orientá-los a completar as frases que constam no livro deles.

3. A mensagem que os catequizandos irão decifrar é a seguinte: DEUS CRIOU O DIA E A NOITE PORQUE ELE ME AMA.

4. Dinâmica.[2]

Obs.: É importante estar atento caso exista algum portador de deficiência visual na catequese ou família dos catequizandos. Valorizá-lo pedindo que participe da dinâmica de acordo com a sua imaginação e aptidão. Explicar ao grupo que, mesmo sem o domínio da luz, um portador de deficiência visual pode identificar a luz de Deus em sua vida.

Material: lápis e papel.

Entregar uma folha a cada catequizando. Em seguida, pedir para fecharem os olhos. E, com os olhos fechados, desenhar:

- Uma casa.
- Nessa casa coloque janelas e portas.
- Ao lado da casa desenhe uma árvore.
- Desenhe o sol.
- Desenhe uma pessoa com olhos, nariz e boca.
- Por fim, pedir para escreverem a frase: Sem a luz de Deus tudo fica fora do lugar.

Concluir: sem a luz de Deus, toda obra sai imperfeita. Sem ela só há trevas. Deus é a única luz.

- Pedir que anotem a mensagem para a vida no livro deles.

Compromisso do encontro

1. Ajudá-los a resumir o que foi abordado no encontro.

2. Motivá-los a fazer todos os dias uma oração agradecendo a Deus pelo dia e pela noite.

Diálogo com a família

Incentive-os a contar aos pais o que aprenderam neste encontro. Motive-os a conversar com eles sobre as coisas que cada um deles mais gosta de fazer durante o dia, e a anotar no livro a resposta deles.

[2] Adaptação da dinâmica retirada do site: www.catequizar.com.br

4

Segundo dia da criação – O céu e as águas separadas

Celebração

Proclamação da Palavra de Deus:

Gn 1,6-8

Reflexão:

Explorar com os catequizandos que Deus separa "as águas das águas", por meio de um firmamento chamado céu. O céu representa o quanto Deus é grande e poderoso.

Ensiná-los a agradecer sempre a Deus que é nosso Pai por todas as coisas que Ele nos dá.

Partilha

Comentar com eles que, assim como o céu, o amor de Deus não tem limites: é imenso. Deus é bom, nunca faz diferença entre as pessoas.

A seguir, convide-os a partilhar, questionando-os: Vocês conseguem amar todas as pessoas, sem fazer diferença ou fofoca de alguma delas?

Atividades

1. Após terem partilhado o texto bíblico, pedir que anotem se conseguem, realmente, amar todas as pessoas como seus irmãos.

2. Oriente-os a completar as frases que constam no livro deles.

3. Cruzadinha. Caso os catequizandos tenham dificuldade em descobrir as palavras, ajude-os; porém, primeiramente, deixe-os pensar: 1. CÉU – 2. GRANDE – 3. MISSA – 4. CHUVA – 5. CRIANÇAS – 6. IRMÃOS – 7. NOME.

4. Incentive-os a colocar as palavras em ordem para formar a frase correta: Deixe-os tentar fazer sozinhos e somente ajude-os se necessário. A frase correta é: Criar é fazer do nada alguma coisa que antes não existia.

5. Finalizar este encontro com a seguinte música (sugestão), orientando-os a dar o abraço da paz: **Abençoa, Senhor, meus amigos** (KOLLING, 2004, n. 1485).

Compromisso do encontro

1. Ajudá-los para que expressem o que entenderam sobre o segundo dia da criação.

2. Motivá-los a realizar a proposta indicada e a rezar o Pai-Nosso todos os dias.

30

Diálogo com a família

Incentive-os a contar aos pais o que aprenderam sobre o céu e a conversar sobre as coisas que Deus tem lhes dado. Depois, rezar um Pai-Nosso agradecendo a Deus.

5

Terceiro dia da criação – a terra, o mar e as plantas

Celebração

Proclamação da Palavra de Deus:

Gn 1,9-11

Reflexão

Refletir com os catequizandos que, ao reunir as águas que estão sob o céu, Deus criou a terra, que junto com o ar e a água dão condições para as plantas crescerem. E à massa das águas Deus chama "mares".

Destacar com eles a importância de cuidar das fontes para que haja água limpa. Falar do cuidado que devem ter com as plantas, que, além de dar lindas flores, muitas delas lhes servem de remédio, por exemplo: hortelã, poejo, boldo, cidreira e outros. E de alimento: arroz, feijão, trigo, batata, frutas... que fazem bem a sua saúde, os ajudam a crescer fortes e os mantêm vivos.

Partilha

Conscientizá-los da importância de valorizarem tudo o que a natureza lhes oferece. Questione-os: Alguma vez vocês deixaram sobrar comida no prato? Têm consciência que isso é desperdício? Já arrancaram plantas ou flores de algum jardim? Caso tenham feito isso, estão dispostos a não fazer mais? Reconhecem que ao valorizar e não desperdiçar ou estragar o que a terra lhes dá, vocês contribuem para preservar a natureza?

Atividades

1. Orientar para que anotem de que maneira eles têm contribuído na preservação da natureza.

2. Contar-lhes a estória "O sonho das sementinhas se torna realidade":

O sonho das sementinhas se torna realidade

Em uma casa abandonada haviam várias sementes dentro de uma cesta: verde, amarela, pintadinha, rajada, pretinha e branca.

A sementinha verde dizia:

– Ah, se alguém me plantasse eu daria um lindo pé de ervilha. E você, amarela, o que daria?

– Eu daria um gostoso pé de milho. E você, pintadinha?

– Eu seria um pé de feijão. E você, rajada?

– Eu seria uma linda folhagem e alegraria os jardins, os bosques... E você, pretinha?

– Meus ramos se espalhariam na terra e eu daria muitas melancias. Só falta você, branca, conte para nós o que você seria?

– Eu seria uma jabuticabeira, com folhas, flores e frutos: passarinhos pousariam em minhas folhas, abelhas se alimentariam das minhas flores e frutos. E na minha sombra as crianças iriam brincar e saborear os meus frutos.

Enquanto as sementinhas conversavam, um temporal com vento muito forte começou a invadir aquela casa abandonada, arrancando as janelas e portas velhas, levando para longe as coisas que haviam na casa, inclusive as sementinhas.

Levadas pelo vento, cada sementinha caiu na terra e ganhou vida.

• Perguntar aos catequizandos.

– Vocês gostaram da estória?

– As sementinhas eram felizes dentro da cesta? O que sonhavam ser?

– O que aconteceu quando elas foram lançadas na terra?

– Você já plantou alguma sementinha ou já regou alguma planta?

– Na sua casa tem jardim ou pé de alguma fruta?

Concluir:

Como Deus é maravilhoso! Em quantas coisas lindas e gostosas Ele é capaz de transformar uma pequena sementinha.

Pedir que anotem a mensagem para a vida no livro.

3. Sugerimos realizar a seguinte dinâmica:

• Convidá-los a imitar o desenvolvimento de uma árvore frutífera por meio de expressão corporal. Sugestão:

---

1. Pedir para eles se agacharem e ficarem como uma sementinha. Depois, como a árvore começarão a crescer.

2. Levantar-se um pouquinho e mexer a cabeça.

3. Continuar se levantando e esticar os braços.

4. Abrir e fechar as mãos, movimentar os pés...

4. Oriente-os a numerar na ordem correta, desenhar e colorir o desenvolvimento de uma árvore nos quadros que constam no livro deles. Sugestão: servir suco de alguma fruta no final do encontro.

5. Incentive-os a decifrar o seguinte enigma: Devemos cuidar da natureza, pois ela é um presente que Deus nos deu.

Compromisso do encontro

1. Ajudá-los a resumir o que foi abordado no encontro.

2. Motivá-los a se esforçar para comer legumes e verduras, que apesar do sabor, às vezes, não lhes agradar, fazem bem à saúde.

Diálogo com a família

Pedir que aproveitem o momento do diálogo para contar aos pais o que aprenderam no encontro e, com a ajuda deles, anotar os nomes de algumas frutas e flores.

6

QUARTO DIA DA CRIAÇÃO – O SOL, A LUA E AS ESTRELAS

Celebração

Proclamação da Palavra de Deus:

Gn 1,16

Reflexão

Refletir com os catequizandos que o sol, a lua e as estrelas são astros saídos das mãos de Deus.

O sol, além de clarear o dia, contém raios que iluminam e aquecem. E também fortalecem os nossos ossos. É importante tomarmos um pouco de sol pela manhã e no final da tarde, em que os raios não prejudicam a pele.

A lua e as estrelas clareiam e iluminam a noite, proporcionando uma beleza especial. Assim como a lua e as estrelas têm o seu brilho, as nossas atitudes tornam-se belas quando transmitimos alegria às pessoas.

Partilha

Pedir que pensem por alguns minutos nas atitudes que alegram os pais. Depois, questione-os: De que maneira vocês contribuem para a alegria dos seus pais?

34

Atividades

1. Orientá-los a responder com suas próprias palavras de que maneira eles têm enfeitado a vida de seus pais.

2. Motivá-los a desenhar e colorir o girassol, completando a frase: Assim como o **girassol** fica sempre virado para o lado do **sol**, eu também devo estar voltado para **Deus**, recebendo dele: luz, sabedoria, força, amor...

3. Oriente-os a desenhar o sol, a lua e suas fases e as estrelas.

4. Sugestão para preparar a encenação da estória: A estrelinha pequenina.

– Material: isopor ou cartolina: desenhar, colorir e recortar o Sol, a Lua e a Estrela pequenina.

– Personagens: Sol, Lua e Estrelinha.

– Escolher, entre eles, os personagens sugeridos, pedindo que, à medida que a estória for sendo narrada, os catequizandos assumam os personagens.

35

A estrelinha pequenina

Era uma vez uma estrelinha pequenina, mas tão pequena, que nunca encontrou nenhuma estrela menor que ela no céu.

Vivia muito triste porque morava no horizonte, longe das outras estrelas, e não brilhava tanto quanto as outras.

Queria ser tão grande e brilhante como as estrelas maiores. Até sonhava em ser tão grande e luminosa como a lua, mas sabia que isso era impossível, pois Deus a criou para ser estrela.

Certo dia, aprendeu a escorregar no céu e decidiu ir escorregando até chegar perto da lua. Demorou uma semana para chegar lá. Quando chegou, ficou um tempo enorme admirando a grandeza e a beleza da lua, até que resolveu puxar conversa com ela.

Então, lhe falou sobre a sua tristeza em ser tão pequenina, sem graça e com pouco brilho. Contou-lhe que morava no horizonte e como havia chegado até ali.

Foi assim que a lua descobriu quem era aquela estrelinha e disse-lhe:

– Ah! Então foi por isso que você sumiu do horizonte há uma semana? Pois, saiba que você é muito importante para mim!

– Eu, importante, como!?

E a lua respondeu-lhe:

– Toda noite, na madrugada, eu a procuro no horizonte para saber de que lado o meu amigo sol vai nascer. Desde que você saiu do seu lugar, há uma semana, estou perdida sem saber de que lado o meu amigo sol nascerá. Por favor, volte a brilhar no horizonte, porque assim como eu, muitas pessoas na terra devem estar sentindo a sua falta.

E foi assim que a estrelinha voltou feliz para o seu lugar, porque descobriu que também era importante e tinha muito valor.

• Poderá concluir:

Cada um de nós é importante e tem muito valor. Temos uma grande missão: Brilhar no mundo para que outros amiguinhos também possam ver a grande luz que é Jesus.

Pedir para anotarem a mensagem no livro deles.

5. Encerrar a encenação e o encontro com a música (sugestão): **Louvado sejas** (KOLLING, 2004, n. 1318)

Compromisso do encontro.

1. Orientá-los a escrever o que mais gostaram neste encontro.

2. Motivá-los a exemplo do sol, lua e estrelas serem portadores da alegria, por meio de boas atitudes.

Diálogo com a família

Incentivá-los a contar aos pais como está sua participação na catequese.

7

QUINTO E SEXTO DIA DA CRIAÇÃO – OS PEIXES, AS AVES E TODOS OS ANIMAIS

Celebração

Sugerimos iniciar esta celebração com o seguinte canto: **A Palavra do Senhor (Sl 33)** (KOLLING, 2004, n. 813).

Proclamação da Palavra de Deus:

Gn 1,20-21

Reflexão

Explorar com os catequizandos a variedade de espécies de peixes, aves e animais criada por Deus. Comentar sobre a utilidade de alguns animais que nos alimentam com a sua carne ou seus ovos, fornecem-nos leite, dão-nos sua lã, vigiam nossas casas, alegram-nos com seus cantos, e as abelhas, por exemplo, nos fornecem um mel delicioso. Falar da preservação dos animais que vivem nas selvas, distante das pessoas. E como parte da natureza não podem ser exterminados.

Partilha

Conversar com eles, perguntando-lhes: Vocês têm algum animal de estimação? Caso não tenham, procuram cuidar com carinho dos animais?

Atividades

1 – Orientá-los para que respondam as perguntas indicadas no livro do catequizando.

2 – Sugerimos contar-lhes a estória "A águia e a galinha"[3]:

Segue um pequeno resumo dessa estória:

Um camponês pegou um filhote de águia, levou-o para sua casa, colocou-o no galinheiro e o criou junto com suas galinhas. Alimentou-o com a comida delas: milho e ração. Passaram-se cinco anos, até que um dia ele recebeu a visita de um estudioso da natureza, um naturalista, que achou estranho o fato de ver uma águia criada junto com as galinhas, e disse-lhe que esta ave não era uma galinha. Era uma águia.

O camponês respondeu-lhe que ela não era mais uma águia: foi criada como galinha e, agora, era uma galinha. O visitante explicou-lhe que esse pássaro tinha o coração de águia e sempre seria uma águia e um dia iria voar. O camponês insistiu que o pássaro tinha virado galinha e jamais iria voar.

Então, resolveram fazer uma experiência. O visitante ergueu bem alto a águia e tentou fazê-la voar, mas ela viu as galinhas ciscando e voltou para junto delas. O camponês então lhe disse que a águia tinha virado mesmo uma galinha. O outro respondeu-lhe que uma águia será sempre águia e resolveu, no dia seguinte, fazer outra tentativa. Subiu no telhado da casa e tentou fazer a águia voar. Mas ela viu as galinhas lá embaixo e voltou para o meio delas.

O camponês ficou feliz porque tinha certeza que aquela águia havia se transformado numa galinha.

No dia seguinte o visitante resolveu fazer uma última experiência. Levou a águia para o alto de uma montanha e insistiu para ela voar. No primeiro momento, a ave ficou com medo e não voou. Depois, ele a fez olhar na direção do sol e do horizonte e a águia voou feliz ao começar uma vida nova. Voou cada vez mais alto até se misturar com o azul do céu.

38

- Reflita com os catequizandos:

– Se o naturalista não tivesse ajudado a águia, será que ela voaria?

– A águia era realmente feliz presa em um cativeiro?

– Você já praticou ou viu alguém praticar alguma atitude semelhante a esta? Por exemplo: ao pescar um peixe bem pe-

[3] Boff, Leonardo. *A águia e a galinha – Uma metáfora da condição humana*. Petrópolis, Vozes, 1997, p. 30-34.

queno, devolveu-o rapidamente à água do rio ou mar para que ele crescesse o suficiente para servir de alimento e não morresse desnecessariamente?

– Já cuidou de algum filhote de animal?

– Já salvou algum pássaro, borboleta, besouro... deixando-o voar livremente. De que maneira fez isto?

Ao concluir, enfatizar que pensando em nós Deus criou os peixes, as aves e os animais. É importante contribuirmos para que produzam e tenham vida.

3 – Motive-os a ilustrar a estória em quadrinhos. Mostrar-lhes a relação da reciclagem com a criação, destacando a nossa responsabilidade em preservar a vida e a natureza criada por Deus. Levá-los a perceber que as pessoas da estória em quadrinhos, que se uniram para recolher o lixo e limpar as margens do rio, contribuíram para a sobrevivência dele, das plantas, dos peixes, dos animais e até dos seres humanos, que dependem de água limpa para sobreviver. Depois de terem ilustrado a estória, pedir que anotem a mensagem: A reciclagem preserva a vida dos rios, das plantas, dos animais e dos seres humanos. O solo e o rio não ficam poluídos, nem o ar, nem a água.

39

4 – Oriente-os a descobrir no Caça-Palavras as seguintes palavras: baleia, golfinho, tubarão, camarão, ostra, siri, andorinha, borboleta, besouro, gavião, pomba e pardal.

Compromisso do encontro

1. Ajude-os a abordar a mensagem principal do encontro.

2. Motive-os a colaborar com o meio ambiente, reciclando o lixo.

Diálogo com a família

Incentivá-los a conversar com os pais sobre o que aprenderam neste encontro. E anotar se a família já contribui na reciclagem do lixo.

8

Sexto dia da criação – Deus criou o homem e a mulher

Celebração

Orientá-os a fazer silêncio sempre que for proclamada a Palavra de Deus, para que ela possa entrar em seus corações e fazer parte da sua vida. Pedir que cantem prestando atenção nas palavras da música: **Fala, Senhor, pela Bíblia** (KOLLING, 2004, n. 1071).

Proclamação da Palavra de Deus:

Gn 1,27

Reflexão

Refletir com os catequizandos que depois de conhecerem um pouco sobre a criação do mundo, desde o primeiro dia, puderam perceber o quanto Deus é bom, quantas coisas Ele é capaz de criar, tudo com muito amor. Quando Deus cria o homem e a mulher a sua imagem, Ele os cria para o amor, para serem bons e inteligentes, capazes também de criar coisas. Explorar com eles que ao dizer: "Dominai a terra", Deus nos pede para administrar e conservar tudo o que Ele criou.

Partilha

Leve-os a pensar que ser imagem de Deus é fazer apenas o que é bom: é amar e respeitar os pais, os avós, ... é cuidar da natureza: aves, animais, plantas, água (evitar o desperdício para que nunca venha a faltar)... é ser inteligente, mesmo quando sentem dificuldades em aprender algo na escola; acreditar que são capazes, pois Deus os criou a sua imagem.

Diante disso, pergunte-lhes: Pensando nas suas atitudes no dia-a-dia, vocês têm feito apenas o que é bom e agrada a Deus? Precisam melhorar em alguma coisa?

Atividades

1. Depois de terem partilhado, pedir que anotem se eles têm praticado o bem e em que precisam melhorar.

2. Sugerimos contar-lhes as estórias: **Rabinho de Algodão**[4] e **Joãozinho Silva.**

Segue um pequeno resumo das histórias:

Rabinho de Algodão

Rabinho de Algodão era um coelhinho ainda bebê, que sempre queria saber quando ele iria ser grande.

Seus pais lhe disseram que primeiro devia aprender a sair do ninho. Tentou, se esforçou, até que um dia conseguiu.

Então, o Papai Coelho e a Mamãe Coelho foram lhe ensinando diversas lições: tomar banho sozinho, comer como os coelhos grandes, e assim por diante.

Por último faltava aprender o mais difícil: fugir da raposa. Primeiro torcer o nariz para sentir o cheiro, se esticar para olhar ao redor, correr em ziguezague, rodar, pular, levar a raposa na direção do espinheiro, pular de lado e se esconder. Aí a raposa passaria reto e cairia no espinheiro. Quando a raposa chegou ele estava treinado nessa lição. Fez tudo como aprendeu e deu certo.

"Agora ele era um grande coelho Rabo de Algodão".

---

[4] Resumo baseado na estória de Carl Memling, *Rabinho de Algodão*. Tradução de Heloísa de Oliveira Costa. Coleção Beija-flor, Ed. Abril. Estória encontrada em ESTAL, MARIA ALICE MOUTINHO DEL, *Irmãos a caminho: educação religiosa: iniciação*. CRUZ, THEREZINHA MOTA LIMA DA; MOUTINHO DEL ESTAL, MARIA ALICE, FTD, São Paulo, 1984.

Joãozinho Silva

Joãozinho Silva era um menino muito esperto que vivia perguntando à mamãe e ao papai:

– Quando é que eu vou ser um grande homem?

Primeiro seu pai respondeu: você precisa ir à escola e adquirir conhecimentos e ir à catequese para conhecer melhor qual é a vontade de Deus.

Um dia, Joãozinho disse ao pai que já havia aprendido muitas coisas na escola e já sabia qual era a vontade de Deus.

Agora, disse o pai, você deve partilhar seus conhecimentos, ensinando seus colegas que têm dificuldade.

Passado alguns dias, Joãozinho disse ao pai que já havia partilhado seus conhecimentos com seus amigos, e aproveitou para dizer-lhes o quanto eles eram inteligentes, pois Deus os criou a sua imagem e semelhança. Eles sentiram-se felizes e valorizados.

O pai continuou ensinando:

– Agora, disse o pai, partilhe as coisas que você tem com os necessitados: seus brinquedos, roupas, guloseimas, sorriso...

Isso levou mais tempo, pois Joãozinho ainda era apegado demais às coisas materiais, mas, com esforço e muita oração ele conseguiu.

Ele fez tudo direitinho e disse ao pai:

– Papai, percebi que ao partilhar meus conhecimentos e minhas coisas com as pessoas elas se sentiam felizes e sorriam para mim. E no sorriso delas encontrei a verdadeira felicidade.

O pai lhe disse:

– Muito bem, meu filho, agora você é João Silva, um grande homem.

42

• Refletir com eles:

– O que Rabinho de Algodão queria ser?

– A mamãe de Rabinho de Algodão o ensinou a tomar banho. O que as mães de vocês dizem quando vão tomar banho?

– Ela costuma dizer: Não demora! Desligue o chuveiro para ensaboar! Vocês têm feito o que a mamãe lhes ensina?

– Se Rabinho de Algodão não tivesse feito tantas coisas que a mãe e o pai Coelho lhe ensinaram, ele seria um grande Coelho?

– E Joãozinho, o que ele queria ser?

– O que precisou fazer para ser um grande homem?

– Que tal pensar nas pequenas coisas que vocês podem fazer para serem grandes homens e grandes mulheres?

Concluir com eles que "Rabinho de Algodão" e Joãzinho Silva tornaram-se grandes porque foram obedientes e fizeram o que é certo. A gente se torna grandes homens e mulheres à medida que aprender amar as pessoas, a natureza e, principalmente, a Deus nosso criador.

3. Orientá-los a responder esta atividade, mostrando-lhes que sempre terão algo de bom a acrescentar nas suas atitudes.

4. Pedir que respondam com sinceridade o que já fazem e grifem, com caneta colorida, o que é importante começar a fazer.

5. Motive-os a decifrar o enigma: Que alegria! Deus me ama.

43

Compromisso do encontro

1. Ajude-os a resumir o que foi mais importante aprender neste encontro.

2. Motive-os a realizar no dia-a-dia as propostas que constam no livro deles.

Diálogo com a família

Incentive-os a contar aos pais sobre o que aprenderam no encontro. Pedir que anotem se os pais estão gostando deste momento de diálogo.

Observação

Na parte III deste livro há uma sugestão para revisão dos encontros de 1 a 8.

9

SÉTIMO DIA DA CRIAÇÃO – DEUS DESCANSOU. O DIA DO SENHOR

Sugestão:

Decorar a sala de catequese com as seguintes figuras: terra, mar, rios, sol, lua, estrelas, árvores, florestas, frutos, animais, homens e mulheres.

Outra alternativa: poderá levar os catequizandos a um jardim próximo ao local da catequese, para que possam contemplar a natureza ao vivo. Ao contemplá-la, poderão experimentar momentos de: paz, alegria, tranqüilidade, descanso...

44

Mostre-lhes o céu ensolarado ou nublado, o vento, as árvores, as flores, a terra, os pedregulhos, as borboletas, os passarinhos, as abelhas... deixa-os cheirar e tocar nas coisas que forem possíveis, mas não arrancar ou danificar nada.

Poderá lhes falar sobre a perfeição das coisas criadas por Deus, especialmente os seres humanos...

Celebração

Proclamação da Palavra de Deus:

Gn 2,1-3

Reflexão

Comentar com os catequizandos que, ao fazermos um desenho bonito, geralmente, paramos para olhar e admirar, e, às vezes, achamos tão bonito que sentimos vontade de mostrar para alguém. O mesmo acontece quando tiramos nota 10 em uma prova. Que gostoso parar para olhar e perceber que valeu a pena estudar! Ou, quando paramos para olhar nosso álbum de fotos. Que gostoso ver a foto de quando tínhamos 1 aninho e, hoje, já crescidos, quantas coisas já aprendemos! Esses momentos em que paramos para observar as coisas descansam a nossa mente e nos fazem enxergar como Deus é maravilhoso. Relacionar estes exemplos com a importância do dia do descanso, em que paramos para contemplar quantas coisas boas Deus tem realizado no decorrer da semana.

Pedir que observem a decoração da sala e imaginem a alegria de Deus ao descansar e contemplar toda essa beleza.

No sétimo dia da criação Deus descansou, nos dando um exemplo a ser imitado.

Partilha

Explorar com eles que Domingo é o dia do Senhor, é o dia do descanso, diferente dos demais dias. É dia de participarem da missa para ouvir a Palavra de Deus e agradecer-lhe por tudo que Ele lhes dá: sol, vento, sua família, sua inteligência, o desenho bonito que conseguiram fazer, a boa nota que tiram na prova, o café da manhã que a mamãe prepara, o trabalho do papai... É importante reconhecerem que tudo é graça de Deus.

45

Peça que fechem os olhos por alguns minutos e pensem nas coisas boas que Deus tem lhes dado por meio da catequese, da escola, da família... A seguir, questione-os: Domingo é dia do Senhor. Ao participar da missa, o que vocês têm para agradecer a Deus?

Encerrar, solenemente, esta celebração com o canto: **Este é o dia (Sl 117)** (KOLLING, 2004, n. 274).

Atividades

1) Oriente-os a anotar quais coisas gostariam de agradecer a Deus na missa?

2) Com antecedência, confeccione um marca-página a cada catequizando, o qual poderá ser usado no decorrer dos encontros para marcar as citações bíblicas.

Sugestão: – Material: cartolina, papel cartão...

Tamanho: 6 cm x 17 cm

Versículo: "Que alegria quando me disseram: Vamos à casa do Senhor" (Sl 122/121,1).

Peça que usem a criatividade e o decorem com coisas que simbolizem a alegria que sentem ao ir à igreja, a casa do Senhor.

3) Você poderá ler com eles o seguinte diálogo, pedindo que os meninos representem a voz de Paulo e as meninas, a voz de Maria. No final, poderá perguntar-lhes o que aprenderam. Pedir que anotem a mensagem.

46

Catequista: Certo dia, Paulo e Maria estavam conversando:

Meninos: – Maria, como foi a sua semana?

Meninas: – Foi legal, Paulo. Aprendi matéria nova na escola e na catequese fiquei conhecendo muitas coisas sobre Deus. Ganhei, também, um sapato novo da minha mãe. E você, o que tem para me contar?

Meninos: – A minha semana não foi tão boa, Maria. Na escola, não fui bem nas provas. Faltei à catequese porque estava chovendo. E também passei por uma gripe forte, até tosse me deu. Mas, mudando de assunto, o que você pretende fazer domingo?

Meninas: – Vou dormir até tarde, almoçar na casa da Carol e, à tarde, vou ao *Shopping* com minhas amigas. Quero aproveitar o domingo para me divertir. E você, Paulo, o que pretende fazer?

Meninos: – Domingo eu vou levantar cedo para ir à missa, agradecer a Deus pela semana que eu tive. Preciso agradecer pela nota baixa que tirei na prova; eu a mereci, pois não havia estudado. Pedir desculpa a Deus por ter faltado à catequese só porque estava chovendo. E agradecer a Deus pelo remédio para gripe que minha mãe me deu e o delicioso xarope de puejo que ela fez para mim. Vou almoçar junto com a minha família. À tarde, vou visitar o André, que quebrou o braço.

Catequista: Maria ouvindo tudo isso, sentiu-se envergonhada. E, a partir desse dia, o domingo se tornou para ela um dia especial. Primeiramente ela vai à igreja participar da Missa para louvar e agradecer a Deus; almoça com a família e, depois, passeia com os amigos. Hoje, Maria tem consciência que domingo é o dia do Senhor.

4) Incentive-os a completar as frases descobrindo as palavras: DOMINGO, DEUS, IGREJA, FAMÍLIA, VIDA.

Compromisso do encontro

1. Oriente-os a responder sobre a importância do dia do Senhor.

2. Pedir-lhes para ensinarem o que aprenderam a um amigo e convidá-lo para participar da missa.

Diálogo com a família

Motive-os a conversar com os pais sobre o que Deus tem lhes dado no decorrer da semana, e anotar, resumidamente, o que gostariam de agradecer a Ele.

47

10

COMO O PECADO APARECEU NO MUNDO?

Celebração

Proclamação da Palavra de Deus:

Gn 3,1-6

Reflexão

Comentar com os catequizandos que pecado é dizer não à vontade de Deus. Foi o que aconteceu com o homem e a mulher que se deixaram seduzir pela serpente (símbolo das conversas venenosas), que os levou à desobediência a Deus. Precisam ser fortes e saber dizer não às coisas do mundo, que querem nos seduzir para o mal; por ex.: as coisas erradas que as novelas ensinam, a preguiça, que às vezes nos impede de participar da missa, a "cola" na hora da prova, a mentira que às vezes contamos...

Partilha

Explore com os catequizandos que é importante pensarem no que têm feito de errado, e em que podem melhorar para praticarem apenas o que agrada a Deus. Questione-os: Em que vocês precisam melhorar para evitar o pecado?

Atividades

1. Oriente-os a responder a pergunta que consta no livro do catequizando.

2. Levar os catequizandos a pensar na grandeza de Deus que os criou para o amor e para praticarem apenas o que é bom. E no poder do mal, que tenta tirar o amor dos seus corações, só para fazerem coisas erradas.

Contar-lhes as seguintes estórias, refletindo-as e, também, com a ajuda deles, enriquecê-las com outros exemplos:

Encerrar esta atividade, orientando-os a anotar no livro do catequizando a mensagem de cada uma das estórias.

Pedro faz a melhor escolha

É aniversário de Pedro. Beto, um dos seus amigos, é pobre e não tem condição de comprar um presente. Pedro pensa em convidá-lo, pois gosta muito dele. Mas, Murilo chega e fala para Pedro:

– Você não deve convidar o Beto, pois todo aniversário que ele vai só sabe comer salgadinho e beber refrigerante. Porque presente que é bom, ele nunca traz.

– Você poderia convidar o José. Ele é rico. Com certeza vai lhe dar um presentão!

Pedro então muda de idéia, acaba convidando o José para o seu aniversário, ao invés de convidar o Beto.

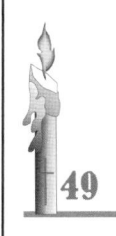

49

• Refletir:

– Pedro se deixou guiar por Deus ou pelo poder do mal?

– O que faria se você estivesse no lugar do Pedro?

O brinquedo novo de Mateus

Mateus ganhou um brinquedo novo, caro, que poucas crianças têm. Ele não sabia se guardava esse brinquedo para que seus amigos não estragassem ou se ensinava-os como usar e cuidar do brinquedo, de modo que todos brincassem. Pensou por alguns minutos. E imaginou o quanto seus amigos gostariam de ter um brinquedo igual ao seu.

Pensou mais um pouco e descobriu que ficou feliz pelo brinquedo superlegal que ganhou.

E descobriu também que era ainda mais feliz por Deus ter-lhe presenteado com amigos, com os quais ele conversa, brinca, vai e volta da escola...

Pensou mais um pouquinho e ficou imaginando que triste seria ter apenas presentes maravilhosos e não ter amigos.

Mateus, então, agradeceu a Deus pelo seu presente e por seus amigos. E decidiu, com muita alegria, partilhar o seu brinquedo.

- Refletir
    - A atitude de Mateus agradou a Deus?
    - Vocês já passaram por uma experiência semelhante a esta?

3. Oriente-os a separar as palavras nas colunas corretas. Motive-os a praticar as boas atitudes, evitando o pecado.

4. Encerrar este encontro, pedindo que fechem os olhos por alguns minutos e pensem nas atitudes que praticaram, as quais não agradaram a Deus. Em seguida, convide-os a cantar o seguinte canto, pedindo perdão a Deus: **Perdão, Senhor, tantos erros cometi** (KOLLING, 2004, n. 902), ou outro Ato Penitencial do conhecimento deles.

50

Compromisso do encontro

1. Ajudá-los a resumir o que foi mais importante aprender neste encontro.

2. Motivá-los a realizar a proposta do encontro, não apenas no decorrer desta semana, mas, se possível, todos os dias.

Diálogo com a família

Incentivá-los a conversar com os pais sobre o que aprenderam. E, com a ajuda deles, anotar as boas atitudes que devem praticar em casa para evitar o mal e o pecado.

11

O DILÚVIO – DEUS COMEÇA UM MUNDO NOVO

Celebração

Proclamação da Palavra de Deus:

Gn 6,17-22

Reflexão

Refletir com os catequizandos a importância de praticarmos apenas o bem. Com certeza Deus estará sempre cuidando de nós. Foi o que aconteceu com Noé, homem bom e justo. Enquanto tudo foi destruído, Deus salva Noé e sua família do dilúvio e começa um mundo novo.

Explorar com eles que o dilúvio vem nos ensinar que muitas vezes precisa ser destruído dentro de nós: o orgulho, o ciúmes do irmão, a preguiça, a desobediência... para iniciarmos uma vida nova, trazendo em nosso coração: a obediência, o respeito, a vontade de estudar, de participar da catequese, da missa...

Partilha

A partir do texto bíblico e da reflexão, questione-os: Deus quer que vocês pratiquem apenas coisas boas e sejam justos.

Pensem um pouco: Tem alguma atitude sua que vocês gostariam que fosse destruída, pois acham que ela não está agradando a Deus? Qual?

Atividades

1. Oriente-os a responder a pergunta que consta no livro do catequizando.

2. Leia com os catequizandos o texto bíblico que os levará a inspirar-se para fazerem o desenho.

3. Ajudá-los a completar os versículos que constam no livro deles.

4. Motivá-los a desenhar e colorir um arco-íris e fazer uma oração espontânea de amor a Deus. Antes do canto final, cada um lê a oração que fez.

5. Encerrar este encontro com o seguinte canto (sugestão): **Erguei as Mãos** (DR – Arranjo e adaptação Pe. Marcelo Rossi. CD músicas para louvar ao Senhor). Para favorecer a participação o catequista poderá fazer um cartaz com a letra do canto e ensiná-los a fazer os gestos para cada animal.

Compromisso do encontro

52

1. Incentivá-los a anotar o que mais gostaram de aprender sobre a história de Noé.

2. Motivá-los a colocar em prática a proposta, praticando boas atitudes na escola e em casa.

Diálogo com a família

Orientá-los a contar aos pais o cuidado que Deus teve com Noé e sua família, quando houve o dilúvio. Motive-os a perguntar aos pais de que maneira Deus tem cuidado da família deles. Peça que encerrem o diálogo fazendo uma oração de agradecimento a Deus.

12

OS DEZ MANDAMENTOS: SINAIS DO AMOR DE DEUS

Celebração

Proclamação da Palavra de Deus:

Dt 6,17-19

Reflexão

Refletir com os catequizandos que os mandamentos nos ensinam a praticar o que é certo e bom aos olhos de Deus. Se desejam ser felizes necessitam amar a Deus sobre todas as coisas.

Explorar com os catequizandos que quanto mais conhecemos os mandamentos de Deus, mais descobrimos que Deus é fonte de todo amor e tanto melhor e mais amaremos o nosso próximo (pais, colegas...). Comentar com eles que colocar Deus em primeiro lugar na sua vida é não trocar os ensinamentos dele (missa, catequese...) por nenhuma outra coisa, pois precisamos primeiro encher nosso coração do amor de Deus, para amar de verdade as pessoas. Agindo assim, estarão colocando Deus em primeiro lugar em suas vidas.

Comentar com eles que praticar somente o que é certo e bom aos olhos de Deus não é tão fácil. É preciso rezar todos os dias, não se deixar levar pela fofoca, não julgar nem ter inveja da roupa do colega..., jamais deixar de participar da missa só porque tem um passeio interessante ou um aniversário para ir, pois neste caso estarão deixando de colocar Deus em primeiro lugar.

Partilha

Explorar o assunto, perguntando-lhes: Vocês estão dispostos a colocarem Deus em primeiro lugar na sua vida? De que maneira pretendem fazer isto?

Atividades

1) Oriente-os a responder a pergunta que consta no livro do catequizando.

2) Ler junto com eles as explicações sobre os dez mandamentos.

3) Pedir que, em dupla, relacionem os respectivos mandamentos com o seu significado. Finalizar enriquecendo com outros exemplos. É importante dar-lhes oportunidade de comentarem como estão vivendo estes mandamentos.

4) Motivá-los a decifrar o enigma e descobrir o mandamento: Não levantar falso testemunho.

54

Compromisso do encontro

1. Orientá-los para que escrevam o que julgam ser mais importante sobre o que aprenderam neste encontro.

2. Conscientizá-los da importância de colocar em prática o que ensinam os mandamentos.

Diálogo com a família

Incentivá-los a ler com os pais as explicações dos dez mandamentos que constam na atividade 2, do livro do catequizando. Pedir que respondam se estão dispostos a fazer o que Deus lhes ensina nos mandamentos.

13

O NASCIMENTO DE JESUS

Celebração

Providenciar:

- mesa com toalha, vela e flores
- imagem da Sagrada Família (presépio) e Bíblia
- convidar os catequizandos para a entrada solene dos objetos
- convidar todos para cantar a música: **Maria, Mãe de Jesus** (KOLLING, 2004, n. 101).

Proclamação da Palavra de Deus:

Lc 2,3-7

Reflexão

Comentar com os catequizandos que José e Maria, ao chegarem em Belém para o recenseamento, se abrigaram num pobre alojamento. E ali nasceu Jesus. Maria o colocou numa manjedoura que havia neste local.

Explorar com eles que certamente aquele pobre alojamento se tornou rico em graça e bênção de Deus. Já não era o mesmo, pois dentro dele se abrigava o Filho de Deus.

Partilha

Destacar com eles a importância de terem Jesus nos seus corações e nas suas casas. Em seguida, pergunte-lhes: Vocês desejam que Jesus se faça presente na sua casa? Vocês acreditam que quando Jesus entra na sua casa Ele traz muita coisa boa como: paz, alegria, união...?

Atividades

1. Pedir que respondam se desejam ter Jesus nos seus corações e nas suas casas e expliquem por quê?

2. Oriente-os a colocar as palavras em ordem para descobrir o que Maria respondeu ao anjo Gabriel: "Sim, faça-se em mim a vontade de Deus".

3. Motive-os a completar as frases e, se necessário, pesquisar no texto inicial do encontro.

4. Ler com os catequizandos o seguinte diálogo. Explorar o assunto, ajudando-os a tirar uma mensagem para a vida.

56

– Mamãe, ainda faltam alguns meses para o Natal, mas, eu gostaria que a senhora adiantasse o meu presente.

– Mas já, minha filha? O que você quer ganhar?

– Eu quero de presente um cofrinho bem colorido.

– Ah! Já entendi! Está querendo guardar o dinheiro de sua mesada e, também, pedir a ajuda de seus tios e avós para encher seu cofrinho até o Natal.

– É isto mesmo, mamãe. Sabe o que vou fazer com o dinheiro?

– Até imagino! Vai num parque de diversões para se divertir em todos os brinquedos e tomar muito soverte; e, ainda, gastar o resto comprando CDs e bijuterias. Adivinhei, minha filha?

– Mamãe a senhora sempre adivinha as coisas, mas desta vez a senhora errou.

– Não acredito! Quem mudou o seu coração e a sua maneira de pensar?

– Foi Jesus, mamãe! Depois que comecei a participar da catequese e aprendi que Jesus nasceu num lugar tão pobre e quanta alegria Ele trouxe com o seu nascimento. Eu desejei muito que Ele também nascesse no meu coração e eu descobrisse a alegria nas pequenas coisas, nas coisas simples e não mais nas coisas materiais, no luxo...

– Hoje, mamãe, Ele está presente no meu coração e eu desejo que neste natal Ele nasça no coração de muitas crianças.

– O que você quer dizer com isto, minha filha?

– Com o dinheiro do meu cofrinho quero comprar doces, salgadinhos, simples presentinhos. Vou fazer os pacotes e colocar um cartão escrito assim, mamãe: *"Jesus é o melhor presente que Deus nos deu! Hoje, Ele vem trazer para você muita paz, alegria e amor. Feliz Natal!"* Quero que a senhora e o papai me levem em um lugar onde moram famílias pobres. Quero abraçar cada criança e transmitir-lhe a alegria que eu sinto por ter Jesus no meu coração. Desejo que elas experimentem essa alegria.

A mãe, com lágrimas nos olhos, abraçou fortemente a sua filha.

Compromisso do encontro

1. Orientá-los a anotar o que de mais importante aprenderam com o nascimento de Jesus.

2. Conscientizá-los sobre a importância de manter a pureza de coração e acolher Jesus na vida deles.

Diálogo com a família

57

Incentivá-los a contar aos pais o que aprenderam com o nascimento de Jesus e a rezar com eles para que Deus lhes dê um coração puro e santo como o de Maria.

14

A INFÂNCIA DE JESUS

Celebração

Iniciar a celebração, ensinando-os a cantar, com alegria, a seguinte música: **Jesus no templo** (Frei Fabreti – K7 – A boa notícia – lado B música 5 – Comep). Explorar com os catequizandos a letra da música em sintonia com o texto bíblico.

Proclamação da Palavra de Deus:

Lc 2,46-52

58

Reflexão

Refletir com os catequizandos que Jesus, já aos doze anos, com seu exemplo de vida lhes ensina:

– Colocar as coisas de Deus em primeiro lugar: "Não sabíeis que devo estar na casa de meu Pai?"

– Submissão: Jesus respeitava Maria e José, seu pai adotivo, e obedeceu-lhes quando o chamaram para voltar para casa.

– Crescia em tamanho, sabedoria e graça de Deus: Jesus lhes ensina a importância de crescerem não apenas em estatura, mas, também, no conhecimento das coisas de Deus! A catequese lhes dá esta oportunidade.

Partilha

Explorar com eles a importância de fazerem do ensinamento de Jesus um modelo de vida. Questione-os: vocês têm se preocupado com as coisas de Deus, como fez Jesus? Por exemplo: Não faltar à missa, prestar atenção nos encontros da catequese, procurando não se distrair com conversas, bagunça...? Têm mantido em dia o diálogo com os pais, a oração da manhã, da noite?

E quanto à obediência aos pais? Precisa melhorar em alguma coisa?

Atividades

1. Ajude-os a descobrir qual a lição de vida que cada um aprendeu com o exemplo de vida de Jesus.

2. Oriente-os a completar as frases, procurando na cruzadinha as palavras que faltam.

3. Poderá dizer-lhes que a inteligência é um dom que receberam de Deus, que os ajuda a fazerem coisas maravilhosas. Jesus desde a sua infância soube usar a sua inteligência.

A seguir, oriente-os a desembaralhar as palavras e completar as frases. Motive-os a criar uma outra frase seguindo o modelo. As palavras são: estudar – brincar– rezar – desenhar.

4. Incentive-os a ler e ilustrar com desenhos os momentos de oração. Caso tenham dificuldade em ilustrar, poderá lhes dar um exemplo: oração da manhã: – desenhar o sol...

59

Compromisso do encontro

1. Pedir que expressem com suas próprias palavras o que mais gostaram de aprender sobre a infância de Jesus.

2. Motive-os a colocar em prática a proposta que consta no livro do catequizando.

Diálogo com a família

Incentive-os a contar aos pais o que aprenderam no encontro. Peça que leiam para eles as orações que constam na atividade 4. E anotem quais orações mais gostaram.

15

JESUS NOS REVELA O REINO DE DEUS

Providenciar para a celebração:

• Uma vasilha, um guardanapo, um pouco de trigo, um pouco de água morna e fermento.

• Sementes e fotos das respectivas árvores ou as próprias plantas para comparar. Se for possível, poderá levar a semente da mostarda e uma foto ou pé de mostarda.

Celebração

Proclamação da Palavra de Deus:

Mt 13,31-33

Reflexão

Refletir com os catequizandos que o Reino dos Céus é como a semente e o fermento. A semente, embora pequenina, quando plantada, nasce, cresce, dá flores e frutos e se torna uma grande árvore. Mostrar-lhes as sementes e as fotos das respectivas árvores ou plantas, comparando-as. Poderá dizer-lhes que assim é o Reino de Deus. Parece pequeno como a semente, mas contém todo o universo.

E o mesmo acontece com o fermento. Convide-os a observar a seguinte mistura: colocar numa vasilha um pouco de farinha, água morna e o fermento (massa mole). Tapar e dizer-lhes que depois poderão ver o quanto irá crescer.

Partilha

Explorar com eles que assim como o fermento faz a massa crescer, nós também precisamos ajudar os amigos, a família e o mundo a crescerem no amor, na alegria, na partilha...Questione-os: Com quais boas ações vocês têm ajudado o Reino de Deus crescer sempre mais?

Atividades

1. Orientá-los a se expressar quais são as boas ações que eles têm praticado para que o Reino de Deus cresça.

2. Dinâmica da semente[5]

Material:

- Fazer um desenho bem grande (aproximadamente 10 cm) de uma semente, em cartolina. Recortar tantas sementes quantos forem os catequizandos.

- Providenciar uma sacolinha para sorteio, com fichinhas (uma para cada participante) escrevendo em cada uma delas as seguintes ações: ajudar, repartir, perdoar, pedir perdão, ser bondoso, ser amigo, rezar, ensinar a rezar, falar o que o outro tem de bom, cuidar do outro, acolher, respeitar...

- Iniciar distribuindo uma semente para cada um.

- Sortear as fichinhas que estão na sacolinha (cada participante retira uma).

- Num lado da semente, pedir que escrevam a palavra sorteada. Exemplo: repartir.

- No outro lado da semente, pedir que façam um desenho que represente a palavra sorteada. Exemplo: Uma criança dividindo seu lanche com a outra.

- Depois, sentados em círculo, chamar cada catequizando para explicar o que sorteou e o que significa o seu desenho.

- A seguir, colocar os desenhos no chão, no meio do círculo, na mesa ou no mural, para que cada um veja o que o outro sorteou e desenhou.

61

- Poderá concluir dizendo que todo o gesto de amor, partilha, bondade..., é semente que faz crescer o Reino de Deus.

---

[5] Dinâmica encontrada na apostila *Nossa conversa com Jesus – Parábolas do Reino de Deus* – diocese de Piracicaba.. (adaptação).

3. Ler para os catequizandos as estórias que seguem, ajudando-os a descobrir o que elas têm em comum.

A boa atitude atrai as pessoas

Na catequese ninguém agüentava mais a bagunça de Fabinho.

Um dia ele resolveu mudar de vida: Parou de bagunçar, passou a prestar atenção no que a catequista lhe ensinava, não chegava mais atrasado nos encontros e fazia direitinho todos os deveres da catequese. Começou até receber elogios.

Os colegas perceberam e, agora, querem ser igual ao Fabinho.

Um belo exemplo

Beatriz era uma menina fofoqueira. Se alguém lhe contava alguma coisa, logo ela ia fofocar. Um dia ela resolveu mudar de vida. Toda vez que alguém lhe procurava para fazer fofocas, ela não se interessava em ouvir. E ainda falava: O que a gente vai ganhar falando da vida dos outros? Falar mal dos nossos colegas é traição. Eu não gostaria que falassem mal de mim. Mais de quinze amigos de Beatriz resolveram seguir seu exemplo.

62

Uma maneira bonita de amar

Michel fez aniversário e ganhou vários presentes. No dia seguinte, saiu de casa com uma sacola de roupas e brinquedos usados e distribuiu-os na vizinhança. Os amigos de Michel estavam intrigados e perguntaram uns para os outros: Por que será que toda vez que Michel faz aniversário, no dia seguinte, ele sai com uma sacola cheia de coisas e as distribui? Vamos perguntar a ele?

Perguntaram a Michel e ele lhes respondeu: Toda roupa nova que eu ganho, antes de colocá-la no guarda-roupa, tiro uma já usada para dar a quem precisa. O mesmo eu faço com os brinquedos. Pois, o que está sobrando para mim pode estar faltando para alguma criança.

Seus amigos, vendo a generosidade de Michel, sentem-se entusiasmados e decidem fazer o mesmo.

• Em seguida, mostrar-lhes a vasilha com a massa fermentada. Poderá lhes perguntar: – O que o fermento fez na massa?

– O que tem a ver o fermento com as estórias?

• Poderá concluir dizendo que um pouquinho de fermento aumentou a massa. O mesmo acontece todas as vezes que eles praticam boas atitudes, dando bons exemplos e incentivando as pessoas a fazerem o mesmo. Estão contribuindo para que o Reino de Deus cresça entre nós.

• Orientá-los a anotar a mensagem para a vida no livro do catequizando.

4. Encerrar o encontro com o canto: **Deus chama a gente** (KOLLING, 2004, n. 1475).

Compromisso do encontro

1. Ajudá-los a se expressar diante do que mais gostaram de aprender sobre o Reino de Deus.

2. Motivá-los a praticar boas atitudes, dando bons exemplos para outras pessoas.

63

Diálogo com a família

Motive-os a fazer o diálogo com os pais. Incentive-os a anotar as boas atitudes que eles pretendem praticar para que o reino de Deus aconteça.

16

JESUS AMA AS CRIANÇAS

Celebração

Iniciar a celebração com a música (sugestão): **Meu coração é para ti, Senhor!** (KOLLING, 2004, n. 708), ou outra do conhecimento deles.

Proclamação da Palavra de Deus:

Mt 18,1-5

Reflexão

Refletir com os catequizandos que Jesus, neste texto bíblico, lhes ensina que para entrarem no Reino dos Céus devem ter um coração de criança: puro e cheio de amor.

Destacar com eles que não podem deixar a raiva, inveja, o preconceito... entrarem em seus corações, ocupando o lugar da pureza e do amor que Deus colocou em cada um deles, no dia do seu batismo. Precisam olhar sempre para as qualidades das pessoas, a beleza com a qual Deus as criou, o quanto são importantes para Deus e para o mundo. Se agirem assim, descobrirão que todos nós temos mais qualidades do que defeitos e para Deus não existe o maior ou o menor, somos todos iguais.

Partilha

Explorar com eles que hoje infelizmente existem muitas crianças de rua, excluídas pela sociedade, e Jesus nos diz: "Aquele que receber uma destas crianças por causa do meu nome, a mim recebe". Questione-os: Diante do amor que Jesus tem por vocês e por todas as crianças, sem distinção, de que maneira vocês têm retribuído a Ele esse amor?

Atividades

1. Orientá-los a anotar de que maneira eles têm retribuído a Jesus o amor que Ele tem por eles.

2. Providenciar para esta atividade

– Folha de sulfite para cada catequizando.

– Música que os inspire para desenhar.

Dinâmica:

– Pedir que façam um desenho livre, bem bonito.

– A seguir, pedir que a cada palavra falada que simbolize destruição, maldade, eles aos poucos amassem a folha com o desenho.

1ª palavra – raiva

2ª palavra – briga

3ª palavra – inveja

4ª palavra – preconceito

5ª palavra – fofoca...

– Agora, pedir que abram a folha aos poucos e passem bem as mãos para deixar bem lizinha.

Perguntar-lhes:

– O que sentiram ao amassar o lindo desenho que fizeram?

– O desenho continua bonito?

– O que tem de diferente nele?

Explorar com eles que o desenho bonito é como o nosso coração, quando deixamos de cometer atos que o destroem (raiva,fofoca...), o nosso coração volta a ser puro e cheio de amor novamente. Mas, muitas vezes os atos ruins que cometemos deixam marcas na vida das pessoas como foram deixadas no papel.

Por exemplo: Tem atitudes que cometemos que ofendem as pessoas e as mágoas (tristeza) que causam muitas vezes demoram a sair do coração dessas pessoas.

65

• Poderá concluir dizendo que é importante não deixarem as coisas ruins destruírem a pureza e o amor dos seus corações. E que as suas atitudes nunca deixem marcas ruins (mágoas) na vida das outras pessoas.

• Orientá-los a anotar a mensagem no livro do catequizando.

3. Pedir que, em dupla, façam o caça-palavras. Incentive-os a completá-lo com outras palavras do texto inicial, que julgarem importantes.

4. Sugerimos contar-lhes a estória "A descoberta da Joaninha"[6].

A descoberta da Joaninha

Dona Lagartixa vai dar uma linda festa e convidou todos os bichinhos.

Dona Joaninha quer ficar linda para dançar com todo mundo. Então, enfeita-se com fita na cabeça, faixa na cintura, pulseiras e leva um leque para se abanar.

No caminho encontrou diversas amigas que não iam à festa porque tiveram alguns problemas e não puderam se preparar. Então, Joaninha decide dividir seus enfeites com as amigas. Para Dona Formiga, que havia feito mudança, empresta a fita que tinha na cabeça. Para Dona Aranha, que teve muitas despesas neste mês, empresta as pulseiras.

No caminho ainda encontra Dona Taturana e Dona Minhoca, que, por alguns problemas, também não puderam se preparar e não iam à festa. Joaninha reparte com elas seus enfeites. Todas ficam muito contentes, e juntas vão para a festa.

A alegria das amigas deixou Joaninha tão feliz que ela nem percebeu que emprestou tudo o que colocou para se enfeitar. "Mas, a alegria do seu coração aparecia nos olhos, no sorriso, e em tudo que ela dizia! E isso a fez tão bonita que ninguém na festa dançou e se divertiu mais que ela".

Então Joaninha descobre que não é necessário se embelezar toda para ficar bonita e se divertir.

66

---

[6] Resumo baseado na estória de BELLAH LEITE CORDEIRO, *A descoberta da Joaninha*. Estória encontrada em MARIA ALICE M. DEL ESTAL; THEREZINHA M.L. DA CRUZ, *Educação religiosa. Iniciação – Irmãos a caminho*, FTD, São Paulo, 1984.

• Em seguida, pedir que, em grupo, troquem idéias para tirar uma mensagem para a vida.

• Convidá-los a cantar uma música que expressa a alegria de ter amigos. Sugerimos: **A amizade** (KOLLING, 2004, n. 1484).

Compromisso do encontro

1. Ajudá-los a resumir o encontro.

2. Motivá-los a realizar a proposta do encontro, procurando manter seus corações puros e cheios de amor.

Diálogo com a família

Pedir que conversem com os pais e anotem a resposta deles diante do que eles têm feito para manter o coração sem maldade e puro como o de uma criança.

Observação:

– Na parte III deste livro há uma sugestão para revisão dos encontros de 9 a 16 – parte I.

– Mensagem que os catequizandos deverão decifrar no enigma, item 4 da revisão dos encontros de 9 a 16:

Preciso colocar Deus em primeiro lugar na minha vida.

17

JESUS, A ÁGUA VIVA

Celebração

Convidá-los a iniciar a celebração com o seguinte canto (sugestão): **A vossa Palavra, Senhor** (KOLLING, 2004, n. 668).

Proclamação da Palavra de Deus:
Jo 7,37-38

Reflexão

Explorar com os catequizandos que a água que Jesus lhes dá é a sua Palavra, seu ensinamento, cheio de sabedoria divina. Todo aquele que guarda essa Palavra, viverá para sempre.

É importante saciarem a sua sede, não apenas com a água que bebem, mas precisam também sentir sede, ou melhor, desejar ouvir e colocar em prática o ensinamento de Jesus, a água viva. Com certeza, dos seus corações jorrarão coragem, sabedoria, bondade, amor...

Partilha

Destacar que muitas vezes eles podem sentir sede: o desejo, a vontade de carinho, de atenção, de elogio, de compreensão... e se sentirem tristes. Mas Jesus tem poder de saciar toda essa carência com o seu amor. Para que isso aconteça precisam ter fé e acreditar em Jesus.

Questione-os: Vocês acreditam que a Palavra de Jesus é viva e é capaz de colocar alegria, sabedoria e amor no seu coração?

Atividades

1. Orientá-los a responder, com sinceridade, a pergunta que consta no livro do catequizando.

2. Motivá-los a completar as frases. Se necessário, orientá-los a consultar o texto inicial.

3. Ler com os catequizandos o seguinte diálogo, orientando-os a responder as perguntas. Para ajudá-los na pergunta (D), partilhe com eles o que mudou em sua vida, ao colocar em prática a Palavra de Jesus.

– Ana! Na catequese aprendi que Jesus é a água viva.

– Que água é essa, João?

– A água que Jesus nos dá é a sua Palavra, o seu ensinamento, cheio de sabedoria.

– Ainda não entendi. Você quer dizer que a Palavra de Jesus é viva?

69

– Ana, tudo que Jesus nos ensina é para o nosso bem, e quando colocamos em prática seu ensinamento vivemos felizes, não sentimos mais vontade de praticar coisas erradas. Eu já experimentei isso na minha vida. A Palavra de Jesus é viva, ela tem força para mudar o nosso coração. Ela não é uma palavra qualquer que lemos em algum livro, mas é uma palavra viva. Agora você entende?

– Pensando bem, João, eu também guardo em meu coração uma palavra que Jesus disse: "Amai vossos inimigos". Depois que ouvi essa Palavra, passei a fazer o bem para aqueles que não gostavam de mim. Hoje não consigo mais ter raiva deles e, sim, amá-los de verdade. Agora entendo o poder e a força que a Palavra de Jesus tem de transformar o nosso coração.

– Realmente, Ana, Jesus é a água viva, é nesta fonte que precisamos buscar a verdadeira alegria e não nas fontes poluídas do mundo. A TV, por exemplo, nos ensina muitas coisas erradas.

– Sabe, João, o que precisamos é dizer para Jesus o que lhe disse a Samaritana: "Senhor, dá-me dessa água."

– Isso mesmo, Ana, nós não queremos mais fazer coisas erradas, o que queremos é guardar a Palavra de Jesus no nosso coração e vivermos felizes.

4. Lembrá-los que a água que Jesus lhes dá é a sua Palavra, o seu ensinamento. Orientá-los a preencher a frase e fazer o desenho.

Poderá encerrar este encontro, cantando com eles a seguinte música (sugestão): **Eu te peço desta água (És água viva)** (KOLLING, 2004, n. 270).

Compromisso do encontro

1. Orientá-los a anotar o que mais gostaram de aprender neste encontro.

2. Conscientizá-los sobre a importância de estarem atentos para aprender o que Jesus lhes ensina por meio da sua Palavra e de realizarem as propostas dos encontros, que é a oportunidade de colocarem em prática os ensinamentos de Jesus.

Diálogo com a família

Incentivá-los a ler com os pais Jo 7,37-38 e anotar o versículo que os pais mais gostaram.

18

JESUS, O BOM PASTOR

Celebração

Proclamação da Palavra de Deus:

Lc 15,4-7

Reflexão

Seria significativo refletir com eles que a timidez, a rebeldia, o fato de tirar notas baixas na escola, o fato de ser pobre e andar mal vestido, são algumas coisas que levam crianças a ficarem sozinhas e sentirem-se excluídas.

As pessoas que cometem erros, pecados, talvez não se afastem das demais pessoas, mas se afastam de Deus.

Comentar que Jesus é o Pastor, aquele que se preocupa para que todos permaneçam unidos no amor. E quando isto não acontece, Ele deixa todos os que estão bem e vai em busca daqueles que se encontram sozinhos, excluídos e distantes de Deus. E quando os encontra, se alegra.

Partilha

A partir do texto bíblico, explorar com os catequizandos que a exemplo de Jesus, o Bom Pastor, também eles devem se preocupar em reunir os colegas e ir sempre em busca daqueles que ficam isolados do grupo. Questione-os:

– Vocês têm se preocupado em trazer de volta algum colega que se afastou da catequese, da missa? De que maneira têm feito isto?

Atividades

1. Diante do texto partilhado, peça que anotem se já passaram pela experiência de trazer algum colega de volta à catequese, ou à missa. E de que maneira isto aconteceu. Caso ainda não praticaram esta atitude, motive-os a praticá-la.

2. Sugerimos preparar a encenação da estória O Bom Pastor, da tia Corina.

Narrador: o catequista.

Personagens: Zeca, o bom pastor, ovelhinhas – todos os catequizandos (se faltarem nomes para as ovelhinhas, deixe-os escolher que nome vão adotar), ovelhinha desgarrada, Umbelino, o mau pastor.

Material: pau (pode ser feito com a bobina do papel-alumínio ou do filme transparente de PVC).

Escolher, entre eles, as personagens da estória, pedindo que, à medida que ela for sendo narrada, os catequizandos assumam os personagens, encenando-os por meio de expressões e gestos.

Antes de iniciar, contar brevemente a estória, de modo que eles a entendam e possam encená-la.

72

O BOM PASTOR[7]

Zeca era um bom pastor. Sabia o nome de todas suas ovelhinhas: Malhada, Branquinha, Pretinha, Ducinha, Fofinha, Leninha, Algodão, Plim...

Cuidava de todas com amor e carinho e amava todas como um bom pai ama suas filhas.

Dava-lhes de comer e de beber, escovava seus pêlos e abrigava-as do frio e do calor.

Quando uma delas se afastava da montanha, Zeca guardava as outras e ia em busca da que estava perdida.

---

[7] Estória da TIA CORINA encontrada na Apostila *Nossa Conversa com Jesus – Parábolas do Reino de Deus* – Diocese de Piracicaba – SP.

Certa vez, Zeca ficou doente e não pôde se levantar.

As ovelhinhas deitaram no chão a seus pés. Todas!

À meia noite o relógio badalou doze vezes. Pé ante pé, Umbelino, o mau pastor, entrou na gruta e foi retirando todas as ovelhinhas, uma a uma, e prendendo-as em sacos.

Aquelas que por acaso gritavam mé, apanhavam uma grande surra! E quando Zeca abriu os olhos viu horrorizado o que estava acontecendo. Levantou-se rápido, embora estivesse com 40° de febre, apanhou um pau bem grande e lutou com Umbelino, o mau pastor.

Só houve um jeito: Umbelino fugir! Mas não conseguiu.

E para cada ovelhinha maltratada Zeca deu um lept, lept com seu bastão em Umbelino.

Ai! Ai! Ai!

E nunca mais Umbelino tentou roubar as ovelhinhas de Zeca. Nunca mais.

Mensagem:

Jesus não faz igual ao Zeca, que pega um bastão para castigar aqueles que maltratam as ovelhinhas. Ele dá sua vida para que as suas ovelhas sejam salvas. Aquelas ovelhas somos todos nós.

- Orientá-los a anotar no livro deles a mensagem para a vida.

3. Motivá-los a completar as frases, ajudando-os, caso necessário.

4. Incentivá-los a fazer o caça-palavras. Explorar com eles por que estas palavras nos lembram o Bom Pastor.

5. Convidá-los a encerrar o encontro agradecendo o cuidado e a proteção que o Bom Pastor tem com cada um deles, cantando a música: **Eu era ovelha** (KOLLING, 2004, n. 121).

Compromisso do encontro

1. Ajudá-los a resumir o que aprenderam sobre o Bom Pastor.

2. Motivá-los a unir os colegas, trazendo de volta os que se encontram afastados. Incentivá-los a ser boas ovelhinhas.

Diálogo com a família

Orientá-los a conversar com os pais sobre o cuidado e a proteção do bom Pastor. Motivá-los a perguntar aos pais se já passaram algum período afastados da Igreja. E de que maneira Jesus os trouxe de volta. Pedir que anotem no livro a resposta deles.

74

19

PARÁBOLA DO JOIO E O TRIGO

Celebração

Proclamação da Palavra de Deus:
Mt 13,24-30

Reflexão

Explorar com os catequizandos que Jesus veio ao mundo nos ensinar a praticar a caridade, a fraternidade, a oração, o amor... Mas nem sempre guardamos no coração o ensinamento de Jesus e às vezes praticamos o que não agrada a Deus (desobediência...).

Com a Parábola do joio e do trigo Jesus nos mostra que o bem nos garante a vida eterna junto de Deus, por isso precisamos todos os dias fazer um boa escolha: praticar somente o bem.

Partilha

A partir do texto bíblico e da reflexão, poderá pedir que fechem os olhos por um momento e pensem no que existe de bom dentro deles e o que existe de ruim (desobediência, não saber repartir, xingar...). A seguir questione-os:

– O que existe em vocês que é bom e faz as pessoas felizes?

– O que em vocês precisa ser corrigido?

Atividades

1. Orientá-los a dar exemplos do que existe de bom neles. E quais as más atitudes que precisam ser corrigidas.

2. Ler junto com os catequizandos o diálogo de Vitor e Hugo, ajudando-os a tirar uma mensagem para a vida. Peça que anotem no livro deles.

Hugo, o que você mais gostou de aprender sobre a parábola do joio e do trigo que ouvimos hoje?

– Achei interessante saber que o bem e o mal crescem juntos e todos os dias teremos de escolher entre um e outro.

Todas as manhãs vou rezar e pedir a Deus que me ajude a fazer apenas o que é certo, o que agrada a Deus.

E você, Vitor, do que mais gostou?

– Achei legal aprender que precisamos saber lidar com o mal e não deixar ele nos vencer.

Lembrei-me que ontem não estudei para a prova da escola. Eu devia ter combatido o mal da preguiça. Hoje reconheço que a preguiça não é uma coisa boa, ela não me ajudou em nada na hora da prova.

Você já havia pensado nisso, Hugo?

– Sabe, Vitor, pensando bem, esta parábola nos mostra que o mal não está apenas no outro, mas também em nós, cada vez que desobedeço meus pais, que faço fofocas, pratico o mal, faço algo que não agrada a Deus.

76

3. Motivá-los a relacionar a 1ª com a 2ª colunas, ligando as frases que se completam.

4. Incentivá-los a fazer o Caça-Palavras.

5. Convidá-los a expressar a alegria de ter um coração cheio de amor, cantando a música: **Cantai ao Senhor** (KOLLING, 2004, n. 826), ou outra do conhecimento deles.

Compromisso

1. Ajudá-los a abordar, resumidamente, o que Jesus lhes ensinou por meio da Parábola do Joio e o Trigo.

2. Motivá-los a praticar, apenas, o que agrada a Deus.

Diálogo com a família

Orientá-los a contar aos pais o que aprenderam no encontro. E anotar alguma atitude boa que os pais acham que eles têm deixado de praticar.

20

PARÁBOLA DO PAI BONDOSO – DEUS NOS PERDOA

Celebração

• Ler para os catequizandos a parábola do Pai Bondoso que consta no texto inicial.

• Para que eles conheçam o final dessa parábola é importante fazer a proclamação do Evangelho de Lucas 15,25-32.

Reflexão

Explorar com os catequizandos que muitas vezes somos como o filho mais novo. Fazemos coisas erradas, mas depois nos arrependemos e Deus que é nosso Pai Bondoso nos perdoa.

Mas, às vezes, somos também como o filho mais velho. Achamos que estamos com a razão, que somos melhores que os fofoqueiros, os que tiram nota baixa na escola, que somos mais bonitos que os outros, esquecendo-nos de enxergar nossos defeitos e pecados.

Partilha

É significativo ressaltar que Deus recebe com carinho todo aquele que erra e volta arrependido. Depois pergunte-lhes:

Vocês já se arrependeram de algum erro que cometeram? Pediram perdão a Deus?

Atividades

1. Pedir que anotem o que cada um sentiu ao pedir perdão a Deus por um erro cometido.

2. Motivá-los a completar as frases e as palavras cruzadas, pesquisando o texto inicial, em caso de dúvida.

3. Incentivá-los a ler com atenção e ilustrar a estória em quadrinhos. Ao terminarem, poderá perguntar se descobriram qual a semelhança com a parábola do Pai Bondoso. A seguir, pedir que, juntos, leiam a mensagem que consta no livro deles.

4. Levá-los a pensar que às vezes somos ingratos como o filho da parábola. A seguir, convide-os a cantar o seguinte Ato Penitencial ou outro do conhecimento deles: **Perdão, Senhor** (KOLLING, 2004, n. 900).

Compromisso do encontro

78

1. Motivá-los a anotar o que de mais importante aprenderam neste encontro.

2. Incentivá-los a reconhecer seus erros e nunca achar que são melhores que os outros. Motivá-los a rezar todos os dias.

Diálogo com a família

Orientá-los a contar a parábola do Pai Bondoso a seus pais e a ilustrar a parte da estória que os pais mais gostaram.

21

PARÁBOLA DO BOM SAMARITANO

Sugestão para preparar a encenação adaptada em forma de poesia, do texto Lc 10,25-37, proposta para o momento da celebração:

a) Personagens: homem viajante, assaltante, pessoa rica, pobre, pessoa da Igreja e Samaritano.

b) Narrador: catequista.

c) Material: veste que representa pessoa rica, veste que representa pessoa pobre, veste que representa pessoa da Igreja, cabo de vassoura representando um cavalo, gaze para enrolar na testa e no braço da pessoa ferida, carteira ou dinheiro para colocar no bolso.

79

Escolher, entre eles, os personagens sugeridos, pedindo que, à medida que a história for sendo narrada, os catequizandos assumam os personagens, encenando-os por meio de expressões e gestos.

Contar, brevemente, a história, de modo que os catequizandos a entendam e possam encená-la.

Antes de iniciá-la, organizar o cenário com a ajuda de todos.

Celebração

Proclamação da Palavra de Deus:

Lc 10,25-37 (o texto bíblico será encenado).

Sugestão para narrar o texto:

O Bom Samaritano[8]

Certo homem numa estrada/
viajava aquele dia/ sem saber que
um malvado/ por ali o perseguia.

Assaltado e ferido/ foi jogado o
pobre homem/ desprezado, esquecido/
de ninguém sabia o nome.

Passa rico, passa pobre/ e até gente
da Igreja/ mas ninguém ali o
descobre/ e ninguém que ali o veja.

Passa um homem cavalgando/ vindo
lá da Samaria/ como bom
Samaritano/ para a história entraria.

Vê o ferido, é um judeu/ inimigo
por nação/ "É um homem como
Eu"/ se comove o coração.

As feridas ele cura/ leva-o logo à
hospedaria/ e os gastos, tudo, tudo/
já na volta pagaria.

80

Reflexão

Destacar junto aos catequizandos que Jesus contou esta história bíblica para nos ensinar quem é nosso próximo. Mostrar-lhes que não devem agir com indiferença diante dos menos favorecidos, explorados, mendigos...

Comentar que para serem felizes precisam amar o outro, especialmente quem realmente precisa: os mais pobres, pessoas tristes, doentes, idosos, crianças que são desprezadas pelos outros...

Só assim estarão amando a Deus de todo coração e ao próximo como a si mesmos.

---

[8] Poesia encontrada na Apostila Nossa Conversa com Jesus – Parábolas do reino – Diocese de Piracicaba.

Partilha

Leve-os a pensar que todos os dias Deus lhes dá oportunidade de fazerem o bem ao seu próximo. Por exemplo: alguém que bate a sua porta pedindo alimento, algum colega que está com dificuldade na escola, ou esquece o lápis, ou não trouxe lanche, arrumar e tirar a mesa, guardar as coisas no lugar para ajudar a mamãe...

Diante desses exemplos, pergunte-lhes: O que vocês devem fazer para serem bons samaritanos com seus colegas que podem estar precisando de ajuda? E diante das pessoas idosas, dos afazeres da mamãe em casa, como ser bom samaritano?

Atividades

1. Orientá-los a anotar exemplos de como serem bons samaritanos com os colegas, a mamãe, os idosos, doentes...

2. Ler com os catequizandos a estória em quadrinhos: Os dois amigos. Orientá-los a ilustrá-la, ajudando-os caso necessitem, nos dois últimos quadros.

81

3. Motivá-los a anotar com um X a atitude certa de um verdadeiro cristão.

4. Sugerimos contar-lhes a estória: A bolsa de Dona Canguru.[9]

A seguir, dividi-los em grupo para trocarem idéias sobre as perguntas de reflexão. Pedir que anotem o que de mais importante essa estória lhes ensinou.

---

[9] Resumo baseado na estória: EMMY PAYNE, *A bolsa de Dona Canguru*. Série fantasia. São Paulo, Editora Melhoramentos. Estória encontrada em MARIA ALICE M. DEL ESTAL; THEREZINHA M.L. DA CRUZ, *Educação religiosa. Iniciação – Irmãos a caminho*, FTD, São Paulo, 1984.

A bolsa de Dona Canguru

Vocês sabem que as mães cangurus têm uma bolsa na barriga para carregar seus filhotes?

Mas a Dona Canguru estava muito triste porque nasceu sem a bolsa e não sabia como ia carregar seu filhotinho.

Conversou com várias mamães, que lhe ensinaram como carregavam seus filhotinhos, mas quando Dona Canguru fazia o mesmo, seu filhotinho escorregava e caía.

Então, pediu conselho ao sábio Professor Coruja, que lhe sugeriu ir à cidade comprar uma bolsa.

Ao chegar à cidade, Dona Canguru viu um homem cheio de bolsos, de todos os tamanhos. Perguntou-lhe: onde arranjou tantos bolsos?

O homem respondeu-lhe que já vieram costurados no avental. E como Dona Canguru precisava muito de um avental cheio de bolsos, ele a deixou levá-lo.

Dona Canguru, muito contente, colocou seu filhinho num dos bolsos e voltou para a floresta. Ela estava feliz porque podia carregá-lo como as outras mamães.

"Mas, sobraram muitos bolsos... Dona Canguru tinha coração grande, coração de mãe... A partir desse dia, todo filhotinho que não tinha mãe, arranjou um lugar no avental de Dona Canguru. Havia bolsos e muito amor para todos".

- Perguntas para reflexão:

  – Qual a maior preocupação da Dona Canguru?

  – Quem ajudou dona Canguru resolver seu problema?

  – Dona Canguru tinha um coração grande, coração de mãe?

  – O que você deve fazer para ter um coração cheio de amor, para retribuir com obediência, respeito... toda a preocupação e o cuidado que sua mãe tem por você?

  – Como o homem do avental, de alguma maneira você já ajudou alguém que estava em uma situação difícil?

  – Quem são os bons samaritanos dessa estória?

5. Solicitar que pesquisem na Bíblia, anotem o versículo, e o guardem em seus corações.

Compromisso do encontro

1. Ajudá-los a resumir o que foi mais importante aprender com a parábola do Bom Samaritano.

2. Motivá-los a serem bons samaritanos: ajudando, perdoando e acolhendo os irmãos.

Diálogo com a família

Incentivá-los a ler com os pais Lc 10,25-37, convidando-os a praticar o gesto do bom samaritano no seu bairro.

83

22

JESUS, A VERDADEIRA VIDEIRA

Celebração

Proclamação da Palavra de Deus:

Jo 15,5.12-17

Explorar com os catequizandos que Jesus é a videira e eles são os ramos. Para permanecerem unidos a Jesus, precisam viver o mandamento do amor.

Comentar quais são os bons frutos que Jesus espera deles: amor, bondade, obediência aos pais, professores, respeitar as pessoas, oração...

Lembrá-los que quando se afastam de Jesus, deixam de amar ao próximo como a si mesmos, não levam a sério a catequese..., deixam de produzir frutos, são como galhos secos.

Partilha

Leve-os a pensar que sem Jesus não podem nada. Só Ele lhes dá força para produzirem frutos. A seguir, questione-os: Vocês têm perseverado na prática dos mandamentos de Jesus e na participação da comunidade? Quais frutos Jesus espera de vocês?

Atividades

1. Após terem partilhado, pedir que respondam as perguntas que constam no livro do catequizando.

2. Poderá realizar com os catequizandos a seguinte dinâmica:

Dinâmica: O amor liberta[10]

Objetivos:

Identificar os próprios valores e dos outros.

Material: fichas de papel sulfite ou cartolina para cada participante (se cada grupo tem, por exemplo, 5 participantes, distribuir 5 fichas para cada catequizando, caneta.

Processo:

Formados grupos de 4 a 6 componentes, distribuir para cada um quantidades de fichas igual ao número de catequizandos do grupo.

Cada um deverá escrever nas suas fichas valores que gostaria de ter, ou que já tem e que dignificam o ser humano. O catequista dará um tempo e, se notar dificuldades, poderá dar exemplos, como: boa educação, fraternidade, inteligência, coragem, sinceridade, honestidade, justiça, segurança, boa comunicação, alegria, liderança...

Será solicitado que cada um examine o que escreveu e retire para si o valor que julga possuir em maior quantidade (somente um).

Em seguida, dar alguns minutos para que examinem seus colegas de grupo, e com calma distribuam uma ficha para cada um, de acordo com o valor identificado em cada colega, colocando-as com a parte escrita voltada para baixo.

Finalizada a primeira parte da dinâmica, questionar:

– Examinem as fichas que receberam dos colegas. Foi bom saber que eles identificam valores em você?

– Foi difícil descobrir os valores do outro? Se fossem defeitos seria mais fácil?

– Em casa e na escola você descobre primeiro os defeitos ou as qualidades das pessoas com quem você convive?

• Refletir:

– Jesus lhes deixa a mensagem do amor ao próximo e quer que sejam a imagem deste amor e que, por meio do seu exemplo, se construa o Reino dos Céus aqui na terra.

[10] BORGES, L. GIOVANNA. *Dinâmicas de Grupo. Redescobrindo Valores* – 30, p. 62. Petrópolis, Vozes (adaptação).

– Quando você é otimista procura sempre olhar o lado positivo das coisas e das pessoas. É bom lembrar que as roseiras têm espinhos, mas é importante ver primeiro a beleza e o perfume das rosas que ela produz.

– Se gostam de receber elogios e isto sempre os ajuda a crescer, por que razão apontam as falhas e raras vezes as qualidades de seu próximo?

– Observem com carinho tudo de bom que seus familiares e amigos possuem, e elogie-os sempre que possível.

– Finalizar ajudando-os a anotar a mensagem para a vida.

3. Motivá-los a relacionar a 1ª com a 2ª coluna, formando as frases corretas. Resposta: 4-5-2-1-6-3.

4. Incentivá-los a fazer a oração espontânea, anotando-a no livro deles. Propor que cada um leia sua oração, antes do canto final.

5. Convidá-los a cantar com alegria a seguinte música: **Eu sou a videira** (KOLLING, 2004, n. 741).

86

Compromisso do encontro

1. Ajudá-los a abordar o que de mais importante aprenderam.

2. Incentivá-los a produzir bons frutos, isto é, boas ações e a solicitar a ajuda dos pais para realizarem a proposta do encontro.

Diálogo com a família

Motivá-los a contar aos pais o que aprenderam. A seguir, dar-lhes um beijo, dizendo que os ama muito.

23

A SEMENTE QUE GERMINA POR SI SÓ

Sugestão para preparar a encenação do texto:
Mc 4,26-29, proposto para o momento da celebração.

Personagens: Seis catequizandos que representam respectivamente: o homem que semeia, a planta, a espiga, a espiga cheia de grãos, o sol e a lua.

Material: semente, vaso ou uma vasilha plástica com terra, na qual será colocada a semente, máscara de cartolina ou isopor que simboliza o sol e a lua. Três cartolinas cada uma simbolizando: uma planta, uma espiga, e uma espiga cheia de grãos. Uma foice feita de papelão e lençol.

Escolher entre eles, os personagens sugeridos, pedindo-lhes que, à medida em que a história for sendo narrada, os catequizandos assumam os personagens, encenando-os por meio de expressões e gestos.

Contar brevemente a história, de modo que os catequizandos a entendam e possam encená-la.

Celebração

Proclamação da Palavra de Deus:
Mc 4,26-29 (o texto será encenado).

Sugestão para narrar o texto:

– Acontece com o Reino de Deus o mesmo que com o homem que lançou a semente na terra.

– De noite o homem dorme.

– De dia ele acorda.

– A semente germina e cresce, sem que ele saiba como.

– A terra por si só produz frutos: primeiro a erva, depois a espiga.

– E, por fim, a espiga cheia de grãos.

– Quando o fruto está no ponto, imediatamente se lhe lança a foice, porque a colheita chegou.

Reflexão

Explorar com os catequizandos que ao semear a semente o homem não precisou ficar de prontidão esperando a semente crescer, pois ele acreditava que a semente germina por si só. Assim acontece na vida deles por exemplo, quando praticam boas atitudes como o respeito (não brigando com os colegas), atenção (seja ouvindo os pais, catequistas e professores), prestando atenção à aula e dando importância aos estudos. Podem dormir com a consciência tranquila, pois as boas ações que estão plantando darão bons frutos.

Partilha

Destacar com eles que ao levarem a sério os estudos e se prepararem bem para as provas, por exemplo, poderão dormir tranquilos e sem preocupação, pois o bom fruto (notas boas) será colhido. Convide-os a partilharem: Quais os bons frutos que vocês têm colhido na escola, em casa e na catequese?

Atividades

1. Orientá-los a anotar os bons frutos que eles têm colhido.

2. Motivá-los a ilustrar em forma de história em quadrinhos a parábola que Jesus contou.

3. Ler para os catequizandos a seguinte estória, incentivando-os a dar um título a ela. E, em seguida, ajude-os a anotar a mensagem para a vida.

Michele era uma boa menina.

Todos os dias ajudava sua mãe nos afazeres de casa: arrumava sua cama, ajudava a lavar a louça e preparava a mesa para o almoço. Além disso reservava um tempo para fazer as tarefas da escola e da catequese.

No colégio ajudava seus amigos que tinham dificuldades em matemática e português.

No mês de dezembro era o aniversário de Michele, que gostaria de ganhar uma bonequinha de pano.

Sua mãe reconhecendo as boas ações de sua filha e vendo os bons frutos que ela colhia (notas boas, perseverança na catequese e seu amor ao próximo), comprou para ela uma linda boneca. E a menina ficou muito feliz ao ver que a semente que ela havia plantado germinou podendo então colher bons frutos.

89

4. Orientá-los a marcar com um X as situações que provam que a semente do Reino de Deus está crescendo na vida deles.

5. Encerrar o encontro convidando-os a cantar a seguinte música: **O meu coração se alegra** (KOLLING, 2004, n. 1077), ou outra que eles conheçam.

Compromisso do encontro

1. Orientá-los a se expressar, com as próprias palavras, o que mais gostaram de aprender neste encontro.

2. Motivá-los a realizar a proposta do encontro.

Diálogo com a família

Incentivá-los a ler com os pais Mc 4,26-29 e anotar os bons frutos que os pais têm colhido.

24

O PRIMEIRO MILAGRE DE JESUS: AS BODAS DE CANÁ

Sugestão para preparar a encenação do texto Jo 2,1-12, proposto para o momento da celebração.

Personagens: noiva, noivo, Jesus, Maria, discípulos, servente, mestre-sala e convidados (os demais catequizandos).

Material: toalha para a mesa, 1 jarra opaca, água para encher a jarra, pó de k-suco, sabor uva adoçado (colocar no fundo da jarra sem que os catequizandos vejam), copos, flores (uma para colocar na cabeça da noiva e a outra na mão), gravata (para o noivo), manto (para colocar na cabeça de Maria). A túnica (veste de Jesus) poderá ser confeccionada de papel crepom ou, até mesmo, improvisando com um lençol.

Escolher entre eles os personagens sugeridos, pedindo-lhes que à medida em que a história for sendo narrada os catequizandos assumam os personagens, encenando-os por meio de expressões e gestos.

Contar brevemente a história, de modo que eles a entendam e possam encená-la.

Celebração

Proclamação da Palavra de Deus:

Jo 2,1-12 (o texto bíblico será encenado).

Sugestão para narrar o texto:

Houve um casamento em Caná da Galiléia e a Mãe de Jesus estava lá. Jesus e seus discípulos foram convidados para o casamento.

O vinho do casamento havia acabado. Então a mãe de Jesus lhe disse:

– "Eles não têm mais vinho."

Respondeu-lhe Jesus:

– "Que queres de mim, mulher?! "Minha hora ainda não chegou".

Sua mãe disse aos serventes:

– "Fazei tudo o que ele vos disser".

Havia ali seis talhas de pedras para a purificação dos judeus, cada uma contendo duas a três medidas.

Jesus lhes disse:

– "Enchei as talhas de água" (os serventes enchem as jarras com a água).

Eles as encheram até a borda. Então lhes disse: "Tirai agora e levai ao mestre-sala". (O servente tira um pouco do suco de uva e leva ao mestre-sala.)

Quando o mestre-sala provou a água transformada em vinho – ele não sabia de onde vinha, mas o sabiam os serventes que haviam retirado a água – chamou o noivo e lhe disse:

– "Todo homem serve primeiro o vinho bom, e quando os convidados já estão embriagados serve o inferior. Tu guardaste o vinho bom até agora!"

Esse foi o primeiro sinal (milagre) que Jesus fez em Caná da Galiléia e manifestou a sua glória e os seus discípulos creram nele.

(Todos batem palmas)

(Servir suco de uva a todos os catequizandos)

91

Reflexão

Explicar aos catequizandos que o vinho, na Bíblia, representa o amor, a alegria. Ao transformar 6 talhas (em torno de 600 litros) de água em vinho, Jesus realiza o seu primeiro sinal, revelando, na abundância do vinho, seu amor sem limites. Mas, para que o milagre ocorresse foi preciso acontecerem duas coisas importantes:

– Jesus atende o pedido de sua mãe, Maria.

Isto nos mostra que nos momentos de tristeza, dificuldades, doença, devemos pedir ajuda a Maria. Com certeza, ela intercede por nós, junto a Jesus. E se for para o nosso bem, Jesus atende.

– Os serventes fazem o que Maria lhes pede: "Fazei tudo o que Ele vos disser".

Assim acontece conosco. Para que Jesus realize milagres na nossa vida, precisamos fazer o que Maria nos pede: "Fazei tudo o que Ele vos disser". E fazer o que Jesus nos diz é praticar os mandamentos, por exemplo.

Partilha

Poderá iniciar partilhando com eles um milagre que já recebeu de Jesus por intercessão de Maria. E, em seguida, dizer-lhes que Jesus os ama muito e quer realizar milagres, também, na vida deles. Depois, convide-os a partilhar: Vocês têm pedido a Maria (Nossa Senhora) que interceda junto a Jesus em suas necessidades? Têm feito tudo o que Jesus lhes ensina? Que milagre desejam receber de Jesus?

Atividades

1. Ajudá-los, caso necessário, a se expressar por meio de palavras, respondendo as perguntas que constam no livro do catequizando.

2. Orientá-los a desembaralhar as letras, descobrir e anotar no livro a resposta da pergunta: O que são os milagres?

3. Incentivá-los a descobrir as palavras do caça-palavras.

4. Ler com os catequizandos as estórias, orientando-os a responder as perguntas.

5. Motivá-los a desejar sempre a presença de Jesus em suas vidas, certos de que com Ele nada nos falta. Convide-os a cantar a seguinte música: **Como vai ser?** (KOLLING, 2004, n. 1164).

Compromisso do encontro

1. Ajudá-los a abordar a mensagem principal do encontro.

2. Motivá-los a rezar pelos pais, realizando a proposta do encontro.

Diálogo com a família

Incentivá-los a contar aos pais o que Jesus realizou no casamento, em Caná da Galiléia. Pedir que perguntem aos pais o que Jesus já realizou no casamento deles, e anotem o que mais gostaram de ouvir.

25

A MULTIPLICAÇÃO DOS PÃES

Providenciar um pão (panhoca) para o momento da partilha da Palavra de Deus.

Celebração

Proclamação da Palavra de Deus:

Jo 6,5-13

Reflexão

Explorar com os catequizandos que os cinco pães e os dois peixes que o menino deu para serem partilhados pareciam ser pouco para saciar a fome de toda aquela multidão. Mas, quando o pouco é dado com alegria, Deus multiplica. Jesus deseja que todos tenham mãos generosas, e saibam partilhar o pão de cada dia, pois onde acontece a partilha, não existem necessitados, todos se satisfazem.

Partilha

Destacar com eles que Jesus, ao dar graças a Deus, antes de repartir o pão para todos, nos ensina que tudo o que temos pertence a Deus; nada teríamos se não fosse pela sua graça.

Convidá-los a sentar-se em círculo e fazer a experiência da partilha do pão. É importante participar com eles.

Primeiramente dar graças a Deus antes da partilha do pão, lembrando o gesto de Jesus. Poderá rezar com eles a oração do Pai-Nosso, orientando-os a receber o pão e aguardar para que todos possam comer juntos.

Em seguida, pegue o pão e tire um pedaço, passe o restante para as mãos do catequizando ao lado, que deve fazer o mesmo até chegar ao último. A seguir, todos comem juntos. Depois que comeram, poderá recolher o que sobrou. Convide-os a partilhar: O que vocês sentiram por meio dessa experiência? Vocês costumam agradecer a Deus antes das refeições?

Atividades

1. Ajudá-los, caso necessário, a expressar com palavras o que sentiram ao participar da experiência da partilha do pão.

2. Convidá-los a participar da seguinte dinâmica: **"O barco"**.[11]

94

Material:

– Bacia ou recipiente grande

– Água

– Barquinhos de papel resistente (um para cada catequizando)

– Papelzinho (um para cada catequizando)

Cada catequizando recebe um barquinho e um papelzinho, onde deverá escrever o tipo de "carga" que vai despachar no barquinho. Ex.: amor, carinho, amizade, solidariedade, orações...

Colocar a bacia (ou recipiente) com água no chão. Todos sentam-se em círculo em volta da bacia.

Cada catequizando, um de cada vez, despacha seu barco na água, colocando nele o papelzinho onde está escrito o tipo de "carga" que será transportada.

Ao partir o barquinho, cada um dirá: "Lá vai um barquinho carregado de amor... solidariedade..." , dizendo a "carga" que colocou no barquinho e para quem ele a está enviando: Ex.: amor ao próximo; amizade pelas cri-

---

[11] Vivendo e convivendo: dinâmicas de grupo. Idealização e coordenação: Natália Maccari; redação Suely Mendes Brazão. São Paulo: Paulinas, 1997. – Recursos pedagógicos, 1! (adaptação).

anças abandonadas; solidariedade para com os necessitados; orações pelos doentes...

Poderá concluir dizendo: **"Nós, como esse barquinho, devemos estar sempre repletos de coisas boas para partilhar com nossos irmãos".**

• Pedir para anotarem a mensagem no livro deles.

3. Ler para eles a estória que segue, ajudando-os a relacioná-la com a "multiplicação dos pães". A seguir, orientá-los a anotar a mensagem para a vida.

Ana Cláudia é uma menina carinhosa, principalmente com os idosos.

É interessante, quanto mais carinho ela dá aos "velhinhos", mais carinho e afeto ela recebe de outras pessoas. No coração dela o amor se multiplica. E, dia após dia, motivada por esse amor, por meio de atitudes concretas ela reparte o que possui, mantendo para si apenas o necessário. Quanto menos se preocupa em ter, mais Deus dá a ela. E quanto mais ela tem, mais ela partilha. E assim Jesus constantemente realiza o milagre da multiplicação na vida dela.

95

Certo dia, ela estava com fome e sua mãe lhe comprou um pacote de salgadinho no supermercado. Ao abrir o pacote, apareceu um menino pobre que, estendendo as duas mãos, pediu-lhe um pouquinho.

Ana Cláudia rapidamente abriu um sorriso e entregou-lhe o pacote inteiro. Sua mãe não gostou muito e lhe disse:

– Filha, eu havia comprado o salgadinho para você, pois me disseste que estava com fome. Por que não deu apenas um pouco ao menino?

Ela respondeu:

– Mamãe, nós temos condição de comprar outro pacote de salgadinho, o menino não.

Ana Cláudia, chegando a sua casa ainda com fome, recebeu da vizinha uma enorme e deliciosa rosca de coco. Não só ela, mas toda a sua família comeu, ficou saciada e ainda sobrou.

4. Poderá dividi-los em grupos, para que respondam oralmente as perguntas que constam no livro deles. Ao terminar, pedir que um representante de cada grupo partilhe as suas respostas.

5. Convidá-los a pedir a Jesus que abra as suas mãos e corações para partilharem, por meio da seguinte música: **O Pão da Vida** (KOLLING, 2004, n. 144).

Compromisso do encontro

1. Ajudá-los a abordar a mensagem principal do encontro.

2. Enfatizar que, além do alimento, podemos partilhar muitas outras coisas, por exemplo: o que aprendemos, o nosso amor... Incentivá-los a levar a sério a proposta do encontro.

Diálogo com a família

Motivá-los a partilhar com os pais o que aprenderam, na certeza de que quanto mais partilhamos o que sabemos, mais conhecimento e sabedoria em aprender coisas novas Jesus nos dá.

26

JESUS RESSUSCITA LÁZARO

Celebração

Proclamação da Palavra de Deus:
Jo 11,32-43

Reflexão

Enfatizar junto aos catequizandos que, mesmo quando tudo parece estar perdido, Jesus é a fonte da esperança. Com a ressurreição de Lázaro aprendemos duas coisas importantes:

– o poder de Jesus que nos ressuscitará para a vida eterna.

– a importância de defender a vida aqui mesmo na terra.

Levá-los a pensar o que aconteceu quando Lázaro saiu do túmulo com os braços e as pernas enfaixadas. O que Jesus disse aos presentes? Deixá-los falar.

A seguir, poderá dizer-lhes: Jesus ordena aos presentes que o desamarrem e o deixem andar. E com isto Ele nos ensina que muitas pessoas, inclusive alguns de vocês, às vezes se encontram presos ao egoísmo ou desanimados, acomodados, preguiçosos e Jesus quer lhes despertar, tirar desta situação e dar-lhes vida nova, como Ele fez com Lázaro.

Partilha

Comentar com eles que seguir esse Jesus, que ressuscita Lázaro, é também estar a serviço da vida. Depois, convide-os a partilhar:

Alguma vez vocês levaram alegria a algum amigo que estava triste, ajudando-o a sair desta situação? Ou de que outra maneira vocês foram solidários com seus amigos?

Atividades

1. Ajudá-los a responder as perguntas que constam no livro do catequizando.

2. Orientá-los a pesquisar na Bíblia Jo 11,5 e anotar qual o sentimento que Jesus tinha por Marta, Maria e Lázaro.

3. Motivá-los a decifrar o enigma. Resposta: "Eu sou a ressurreição e a vida".

4. Orientá-los a completar as frases e preencher a cruzadinha. Se necessário, pesquisar o texto inicial do encontro.

5. Para finalizar o encontro, convide-os a dar o abraço da paz, cantando a seguinte música: **Paz, paz de Cristo** (KOLLING, 2004, n. 993).

Compromisso do encontro

1. Ajudá-los a resumir o encontro.

98

2. Motivá-los a realizar a proposta do encontro, procurando descobrir outras ações que eles podem praticar para trazer de volta a alegria e a esperança às pessoas.

Pedir que, antes da visita, leiam o salmo (121)120 e anotem no livro deles o versículo que mais gostaram.

Diálogo com a família

Incentivá-los a contar aos pais o que aprenderam e, com a ajuda deles, anotar exemplos de situações que causam morte, tristeza... na vida das pessoas.

Observações

– Na III parte deste livro há uma sugestão para revisão dos encontros de 17 a 26 – parte I.

– Versículo que os catequizandos deverão decifrar no enigma, item 9 da revisão dos encontros de 17 a 26: "Sim, Senhor, eu creio que tu és o Cristo, o filho de Deus que vem ao mundo" (Jo 11,27).

PARTE II

Festas do ano litúrgico

1

O Ano Litúrgico

Celebração

Proclamação da Palavra de Deus:
Sl 95(94), 1-7.

Reflexão

Refletir junto aos catequizandos a importância de reconhecerem Deus como a verdadeira fonte das suas vidas. Hoje vocês ouvem tantas vozes no mundo e se esquecem do principal que é **ouvir a voz do Senhor.**

Como filhos de Deus necessitam se reunir junto com os irmãos na casa do Pai, que lhes convida para celebrarem os acontecimentos importantes da vida de Jesus e também das suas vidas.

Partilha

Levá-los a pensar que ter estudo, brinquedo, fazer aniversário é importante, porém, mais importante é reconhecer que sem Deus nada disto tem valor. Questione-os:

Vocês têm demonstrado sua gratidão a Deus, participando todos os domingos da missa? Os seus corações estão abertos para ouvirem a voz do Senhor?

Atividades

1. Orientá-los a responder as perguntas que constam no livro do catequizando.

2. Pedir que, em dupla, pesquisem no texto inicial as cores que simbolizam o tempo litúrgico, colorindo o círculo com as respectivas cores.

3. Ler com os catequizandos o significado dos tempos litúrgicos e os diálogos que constam no livro deles. Orientá-los a preenchê-los devidamente, tirando um aprendizado deles.

4. Pedir que, em dupla, descubram no caça-palavras algumas palavras importantes do texto inicial.

5. Encerrar o encontro com a oração do Pai-Nosso, a qual poderá ser cantada.

Compromisso do encontro

1. Ajudá-los a expressar com palavras o que mais gostaram de aprender.

2. Motivá-los a participar da missa e realizar corretamente a sua parte na liturgia, sabendo a hora de silêncio e a hora de rezar ou cantar.

102

Diálogo com família

Incentivá-los a participar da missa com os pais. Pedir que leiam o Salmo 34(33), anotando os versículos que mais gostaram.

2

QUARESMA – CAMPANHA DA FRATERNIDADE

Celebração

Sugestão: Convidar alguns catequizandos para fazerem a entrada solene da Bíblia, acompanhada dos cartazes da campanha da fraternidade, que poderão ser afixados na sala de catequese.

Cantar a música da Campanha da Fraternidade (anotar o canto na lousa ou providenciar cópia para todos. Antes da entrada solene, fazer um pequeno ensaio para aprenderem a música.

103

Proclamação da Palavra de Deus:

Mt 6,1-6.16-18

Reflexão

Explorar com os catequizandos que no período da quaresma a Igreja nos convida a dedicar um tempo maior à oração: ler mais a Bíblia, não faltar à missa, rezar pelas crianças pobres, abandonadas..., praticar o jejum (repartir o lanche com o colega, de modo que eles ainda sintam um pouco de fome e reflitam no sofrimento das pessoas que passam fome) e a praticar a esmola (num gesto de caridade e amor, dar algum dinheiro a alguém que necessite).

Partilha

A partir do texto bíblico e da reflexão, questioná-los: Vocês estão dispostos a viver a Palavra de Deus, fazendo a experiência do jejum, da esmola e da oração? De que maneira pretendem fazer isto?

Atividades

1. Caso necessário, ajudá-los a se expressar, por meio de palavras, de que maneira colocarão em prática o jejum, a esmola e a oração, principalmente no período da quaresma.

2. Pedir que, em dupla, completem as frases, procurando na cruzadinha as palavras que completam corretamente as frases.

3. Ler com os catequizandos os versículos sugeridos e os respectivos fatos, que constam no livro deles, orientando-os a responder as perguntas.

4. Sugerimos falar sobre o tema e o lema da Campanha da Fraternidade. Motivá-los a anotar no livro o tema e o lema da Campanha, ilustrando com um desenho. Para que os catequizandos se interessem mais sobre a Campanha da Fraternidade é importante desenvolver com eles alguns encontros para crianças e adolescentes, que constam no manual da Campanha.

5. Convidá-los a cantar a seguinte música, pedindo a Jesus a graça para praticar o jejum, a esmola e a oração: **Meu coração procura a paz** (KOLLING, 2004, n. 441).

104

Compromisso do encontro

1. Ajudá-los a se expressar com palavras sobre o que mais gostaram de aprender.

2. Motivá-los a realizar as propostas que constam no livro deles. Incentive-os para que um procure lembrar o outro de trazer o alimento a ser doado, no próximo encontro.

Diálogo com a família

Pedir para que conversem com os pais sobre o que aprenderam e anotem se estão dispostos a participar dos encontros da Campanha da Fraternidade nos seus quarteirões e se julgam importantes essas reuniões.

3

SEMANA SANTA – A ENTRADA DE JESUS EM JERUSALÉM, E A CEIA DO SENHOR

Celebração

Sugestão: providenciar ramos para serem agitados pelos catequizandos enquanto cantam, simbolizando o desejo de seguir Jesus.

Proclamação da Palavra de Deus:

Mt 21,1-11

105

Após a proclamação, convidá-los a cantar "Hosana Hey! Hosana há!" (KOLLING, 2004, n. 190).

Reflexão

Explorar com os catequizandos que Jesus, entrando em Jerusalém montado em um jumentinho, nos revela o caráter humilde do seu reinado. Os ramos nas mãos das pessoas que vão ao seu encontro são sinal da esperança e disposição em segui-lo, para participar plenamente da sua Páscoa. Gritar o louvor "Hosana" quer dizer: "Salva, por favor". Esta é a força da oração dos pequeninos que se voltam ao Deus humilde, pobre, solidário com o sofrimento da humanidade.

Hoje são vocês que vão ao encontro de Jesus com ramos nas mãos, desejando segui-lo como Mestre e Senhor. São vocês que, hoje, gritam: "Hosana", Salva-me por favor".

Partilha

Enfatizar que seguir Jesus é não desistir diante das dificuldades, é ser humilde e solidário. É crer que só Jesus tem poder de lhes salvar.

Questione-os:

Alguma vez vocês desistiram de fazer algo por encontrar dificuldades, por ex.: deixaram de ir à missa nos dias de muita chuva e frio? Deixaram de ser solidários, não repartindo algo seu com medo que lhes fizesse falta?

Diante do perigo, ladrão, doença..., vocês crêem que Jesus tem poder de lhes salvar desta situação?

Atividades

1. Ajudá-los a se expressar com suas palavras, partilhando alguma experiência em que desistiram de fazer algo ou deixaram de ser solidários.

2. Sugestão para preparar a encenação do texto Jo 13,1-2a.4-15:

Personagens: um catequizando representando Jesus, e outro, representando Simão Pedro e, os demais catequizados, representando os discípulos.

Narrador: catequista.

Material: toalha para a mesa, pão, manto, toalha, bacia, água.

Escolher, entre eles, os personagens sugeridos, pedindo que, à medida que a história for sendo narrada, os catequizandos assumam os personagens.

Antes de iniciá-la, organizar o cenário com a ajuda de todos.

106

O Lava-pés (Jo 13,1-2a.4-15)

- Antes da festa da Páscoa, sabendo Jesus que chegara a sua hora de passar deste mundo para o Pai, tendo amado os seus que estavam no mundo, amou-os até o fim.

- Durante a ceia (todos ficam sentados ao redor da mesa), Jesus levanta-se, depõe o manto, tomando uma toalha, cinge-se com ela (o catequizando que representa Jesus faz este gesto).

- Depois, põe água numa bacia e começa a lavar os pés dos discípulos e a enxugá-los com a toalha com que estava cingido. (Neste momento, todos que estão sentados ao redor da mesa permanecem sentados, mas de frente para aquele que representa "Jesus", de modo que ele possa lavar-lhes os pés.)

- Chega então a Simão Pedro que lhe diz (o catequizando que representa Simão Pedro faz o gesto): "Senhor, tu, lavar-me os pés?!"

- Respondeu-lhe Jesus (o catequizando que representa Jesus faz o gesto): "O que faço, não compreendes agora, mas o compreenderás mais tarde".

- Disse-lhe Pedro:

- "Jamais me lavarás os pés".

107

- Jesus respondeu-lhe: "Se eu não te lavar, não terás parte comigo". Simão Pedro lhe disse: "Senhor, não apenas meus pés, mas também as mãos e a cabeça".

- Jesus lhe disse:

- "Quem se banhou não tem necessidade de se lavar, porque está inteiramente puro. Vós também estais puros, mas não todos".

- Ele sabia, com efeito, quem o entregaria; por isso, disse:

- "Nem todos estais puros" (terminar de lavar os pés de todos).

- Depois que lhes lavou os pés, retomou o manto, voltou à mesa e lhes disse:

- "Compreendeis o que vos fiz? Vós me chamais Mestre e Senhor e dizeis bem, pois eu sou. Se, portanto, eu, o Mestre e o Senhor, vos lavei os pés, também deveis lavar-vos os pés uns aos outros. Dei-vos o exemplo para que, como eu fiz, também vós o façais".

- Conversar com os catequizandos ressaltando que o espírito do lava-pés é o serviço. Jesus nos mostra que só vive em comunhão quem sabe tratar os outros como irmãos.

• Poderá, com a ajuda deles, dar exemplos de como podem servir: na família, na escola, na igreja...

Orientá-los a anotar a mensagem para a vida no livro deles.

3. Pedir que, em dupla, relacionem a primeira com a segunda coluna, ligando as frases que se completam. Se necessário, consultar o texto inicial. Resposta: 8-3-4-1-6-2-5 e 7.

4. Motivá-los a decifrar o enigma.

Resposta: JESUS É O PÃO QUE NOS ALIMENTA E DÁ VIDA.

Compromisso do encontro

1. Ajudá-los a resumir o encontro.

2. Falar-lhes da importância das celebrações que ocorrem na Semana Santa.

108

Diálogo com a família

Incentivá-los a contar aos pais o que aprenderam no encontro e a convidá-los a participar com eles das celebrações da Semana Santa, na comunidade, preparando-se para a festa da Páscoa.

4

PAIXÃO, MORTE E RESSURREIÇÃO DE JESUS – PÁSCOA

Celebração

Sugestão: Pedir que os catequizandos fiquem em silêncio. O catequista se retira da sala, se veste de branco e retorna dizendo com admiração e em alta voz, dando uma importante notícia:

Amiguinhos(as)! Tenho uma grande notícia para vocês:

– Jesus ressuscitou, Ele está vivo! Podemos cantar aleluia! Então, com grande alegria, cantem comigo: **Jesus Cristo, nossa Páscoa** (KOLLING, 2004, n. 279), ou outra que eles conheçam.

Proclamação da Palavra de Deus:

Mt 28,1-10

Reflexão

Destacar junto aos catequizandos a importância de partilharem com os amigos fatos importantes que acontecem e marcam as suas vidas com grande alegria. Como é maravilhoso quando recebemos uma boa notícia, por ex.: a mamãe está esperando bebê, vou ganhar um irmãozinho(a)! Ou quando temos algum parente ou amigo internado correndo risco de vida, e de repente o médico chega e diz: fiquem tranqüilos, seu parente está fora de perigo! Que alegria nós sentimos!

Mas, alegria ainda maior deve ser a nossa, ao recebermos a Boa Notícia das mulheres que, vendo o túmulo de Jesus vazio, correram a anunciar a todos que Jesus venceu a morte, ressuscitou e está vivo.

Como é bom saber que Jesus está vivo e podemos contar com sua proteção, sua sabedoria... Que maravilhoso é saber que Jesus ressuscitado veio ao encontro das mulheres e lhes disse: alegrai-vos! Não temais! Ide anunciar... e hoje é ao seu encontro que Ele vem e lhe diz: alegre-se (deixe para trás tudo o que tem lhe deixado triste), não tema (a preocupação, o mal jamais poderá lhe vencer). Vai anunciar... (conte para seus amigos que eu estou vivo, conte as maravilhas que eu tenho realizado em sua vida, fale do meu poder, para que creiam em mim).

Partilha

Explorar com os catequizandos que não basta saber que Cristo está vivo. É preciso ter olhos e ouvidos atentos, para vê-lo e ouvi-lo nos vários momentos em que Ele aparece em suas vidas; precisam ser testemunhas dele. Questione-os: O que Jesus tem lhes falado no período de catequese? Têm observado alguma transformação em seu coração, ao colocarem em prática os ensinamentos dele? Já contaram para seus amigos algum fato importante que lhes aconteceu, em que vocês foram vitoriosos graças a Jesus?

110

Atividades

1. Ajudá-los a expressar, com suas palavras, o que Jesus tem lhes falado no período da catequese. Orientá-los a dar um exemplo de uma situação em que foram vitoriosos graças a Jesus.

2. Para fazer esta atividade, dividir a turma em dois grupos, para que cada grupo responda as perguntas referentes ao texto bíblico indicado. Antes, ler com eles a explicação que consta na atividade.

Após responderem, um representante de cada grupo deve ler ou falar, resumidamente, as respostas do seu grupo. Pedir que todos prestem atenção, para depois cada um registrar a mensagem para a vida no seu livro.

3. Orientá-los a decifrar as palavras completando a frase.

Resposta: Jesus, vivo, nós, Eucaristia, Palavra, comunidade, nome.

4. Ajudá-los a desenhar o círio Pascal.

Compromisso do encontro

1. É sempre importante ajudá-los a resumir o encontro.

2. Motivá-los a contar aos colegas de escola as coisas boas que eles têm aprendido com Jesus.

Diálogo com a família

Incentivá-los a contar aos pais tudo o que aprenderam neste encontro, destacando o que mais gostaram. Solicitar que peçam ajuda deles para anotar o bem que eles se propõem a praticar.

111

5

ASCENSÃO DE JESUS

Celebração

Convidá-los a cantar, em pé, e com alegria, a seguinte música: **Dentro de mim existe uma luz** (KOLLING, 2004, n. 1079).

Proclamação da Palavra de Deus:
Lc 24,46-53

Reflexão

Conversar com os catequizandos ressaltando que Jesus abençoou os discípulos, enquanto subia para sua entrada definitiva no céu, junto a Deus Pai. Abençoar significa desejar a alguém coisas tão boas que só podem vir de Deus, fonte de todo o bem. O único que abençoa é Deus, pois é sempre Ele que realiza o bem na vida das pessoas. Ele, porém, quer que cada pessoa dê continuidade ao bem que deseja construir no mundo. Pois, enquanto alguém tem a bênção de Deus, o inimigo nada pode contra essa pessoa.

Hoje, somos abençoados por Jesus por meio do Papa, bispos, sacerdotes, nossos pais. Por isso, vocês não podem ser medrosos, preguiçosos, desanimar diante das dificuldades, porque Jesus está com vocês todos os dias até o fim dos tempos e com Ele são vencedores. Portanto, devem ser testemunhas do seu poder.

Partilha

A partir do texto bíblico e da reflexão, explorar com eles que a bênção fortalece a nossa vida, ela é a proteção de Deus que nos livra do mal e do perigo. Jesus deseja lhes abençoar. Questione-os:

Vocês têm recebido com respeito e fé a bênção do padre, no final da missa? Têm pedido a bênção a seus pais? Quando abençoado vocês se tornam repletos de amor e paz. Vocês têm levado amor e paz a outras pessoas?

Atividades

1. Ajudá-los, caso necessário, a se expressar de que maneira eles têm levado amor e paz às pessoas por meio da bênção que recebem.

2. Orientá-los a pesquisar na Bíblia Lc 24,50-51. Motivá-los a ilustrar e colorir com desenhos as cenas referentes aos versículos.

3. Pedir que, em dupla, consultem o texto inicial para completar corretamente as frases, preenchendo a cruzadinha.

Resposta: Subida, discípulos, aparecia, monte, evangelho, Espírito Santo, serão, voltará.

4. Motivá-los a decifrar o enigma.

Resposta: "EIS QUE ESTOU CONVOSCO TODOS OS DIAS, ATÉ O FIM DO MUNDO".

113

5. Convidá-los a finalizar o encontro rezando, juntos, a oração do creio, dizendo que acreditam no Deus vivo que caminha conosco.

Compromisso do encontro

1. Ajudá-los a resumir o encontro.

2. Motivá-los a valorizar o poder da bênção, realizando as propostas do encontro.

Diálogo com a família

Pedir que contem aos pais o que aprenderam e anotem que importância seus pais dão à bênção.

6

A VINDA DO ESPÍRITO SANTO

Sugestão

Iniciar este encontro com a Oração do Espírito Santo. Informar aos catequizandos que esta oração consta no livro deles. Parte III – Conhecimentos importantes para crescer na fé.

Embora esta oração não seja tão fácil para a compreensão deles, não podemos deixar de ensiná-los.

Celebração

Para que compreendam melhor a oração que fizeram, convide-os a cantar, em pé, a seguinte música que, de maneira mais simples, traduz a oração do Espírito Santo. **A nós descei, divina luz!** (KOLLING, 2004, n. 361).

Proclamação da Palavra de Deus:
Atos dos Apóstolos 2,1-3

Reflexão

Explorar com os catequizandos que a presença do Espírito Santo foi marcada por um vento muito forte que encheu o Cenáculo e por línguas de fogo que pousaram sobre a cabeça de cada um.

A luz do Espírito Santo iluminou a mente e o coração deles, que cheios de coragem, entusiasmo e sabedoria saíram e começaram a falar ao povo sobre o ressuscitado.

114

Além do fogo e do vento, a ação do Espírito Santo é representada por outros símbolos e gestos: a pomba (que desceu sobre Jesus quando Ele foi batizado), a água...

O Espírito Santo é a força de Deus que continua, hoje, agindo em nós. Ele nos ensina, ajuda, orienta ilumina...

Partilha

Destacar com eles a importância de pedirem a luz do Espírito Santo quando forem rezar, fazer prova, estiverem com medo... Questione-os: Alguma vez vocês pediram a ajuda do Espírito Santo? Reconhecem a importância de pedi-la? Em que momentos pretendem fazer isto?

Atividades

1. Orientá-los, caso necessário, a anotar alguns exemplos de situações que pretendem pedir a ajuda do Espírito Santo.

2. Ajudá-los a desenhar sete línguas de fogo, anotando abaixo delas os sete dons.

3. Ler para eles a estória que segue, orientando-os a anotar o que aprenderam com ela.

O Menino e o Vento

Mário era um menino muito esperto, que sabia muitas coisas sobre Jesus. Pois participava toda semana da catequese. Sua maior dificuldade era a vergonha e o medo de anunciar a seus amigos todas as coisas boas que Jesus realizava em sua vida.

No entanto, havia aprendido na catequese sobre os símbolos do Espírito Santo, sendo um deles representado pelo vento.

Ficou imaginando o poder que o vento tinha de balançar as árvores, levar longe suas folhas secas e balançar os cabelos de uma criança na rua.

Pensando no significado do vento, descobriu que tudo o que ele sabia sobre Jesus deveria ser espalhado e levado a todas as pessoas assim como o vento.

Contou então a seus amigos muitas das coisas que ele havia aprendido e aproveitou para ensinar-lhes o que ele sabia sobre Pentecostes.

Seus amigos ficaram entusiasmados com o que ouviram e decidiram também participar da catequese e conhecer ainda mais sobre Jesus.

4. Convidá-los para que, em dupla, façam o caça-palavras, incentivando-os a completar com outras palavras importantes do texto inicial.

5. Motivá-los a fazer uma oração espontânea, pedindo a luz do Espírito Santo sobre eles e suas famílias. Pedir para anotá-la no livro e para que cada um leia a sua, no final do encontro.

Compromisso do encontro

1. Ajudá-los a resumir o encontro.

2. Motivá-los a realizar a proposta do encontro para que possam descobrir e realizar coisas maravilhosas.

116

Diálogo com a família

Incentivá-los a contar aos pais o que aprenderam sobre o Espírito Santo. Pedir para convidá-los a participar da missa de Pentecostes. Lembrá-los de anotar algo importante da homilia.

Observações

– Na III parte deste livro há uma sugestão para revisão dos encontros de 1 a 6 – Parte II.

– Mensagem que os catequizandos deverão decifrar no enigma, item 6 da revisão dos encontros de 1 a 6 – Parte II: O Espírito Santo é a força, o amor e a vida de Deus em mim.

7

A Santíssima Trindade

Celebração

Sugestão: Iniciar esta celebração saudando a Santíssima Trindade com o seguinte canto, acompanhado do sinal-da-cruz: **Em nome do Pai** (KOLLING, 2004, n. 1367a).

Proclamação da Palavra de Deus:
Mt 28,19-20

117

Reflexão
Explorar com os catequizandos que Jesus antes da sua ascensão mandou que os apóstolos fossem ao mundo todo e batizassem todas as nações em nome do Pai, do Filho e do Espírito Santo. Essas palavras expressam a nossa fé na Santíssima Trindade.

No dia do seu batismo foram feitas aos seus pais e padrinhos as seguintes perguntas: "Vocês crêem em Deus Pai Todo-poderoso, Criador do céu e da terra?"

"Vocês crêem em Jesus Cristo, seu Filho Unigênito..."

"Vocês crêem no Espírito Santo...?"

Depois de terem respondido "Creio" a cada pergunta, o padre derramou sobre as suas cabeças a água batismal, dizendo: "..., eu te batizo em nome do Pai, do Filho e do Espírito Santo". A partir deste momento, vocês têm presente em suas vidas a Santíssima Trindade e lhe devem gratidão e respeito.

Uma maneira de demonstrar respeito e amor à Santíssima Trindade é fazer o sinal-da-cruz da maneira mais perfeita e bonita possível. É importante fazê-lo logo depois de acordar, pedindo a bênção da Santíssima Trindade para o dia todo. É interessante fazê-lo antes das refeições, ao passar por uma igreja, à noite ao deitar, agradecendo por tudo que fizeram de bom durante o dia e também em outros momentos.

Partilha

Destacar com eles que ao fazermos o sinal-da-cruz em diversos momentos, é sinal que valorizamos realmente aquilo que acreditamos. Questione-os: Vocês acreditam que ao fazerem o sinal-da-cruz estão expressando sua fé no Deus que os(as) ama? Em que momentos vocês têm feito o sinal-da-cruz?

Atividades

1. Ajudá-los, caso necessário. Pedir que não façam o sinal-da-cruz de qualquer jeito, mas com muito respeito à Santíssima Trindade.

2. Sugestão: *dinâmica das três velas*. Motivá-los a participar com alegria.

118

- Material: – 3 velas (se possível, de cores diferentes).
    - – fósforos.
- Convidar 3 catequizandos para participar (os demais chamar para verem bem de perto).
- A cada um dos três participantes entregar uma vela.
- Acender as velas e, a seguir, pedir que juntem as três chamas acesas.
- Alertar para que percebam que **as três chamas se uniram** e formaram uma **única chama**.

- Poderá concluir: *Assim acontece com as três pessoas da Santíssima Trindade, que vivem unidas por um amor infinito e são um só Deus.*

3. Leia com os catequizandos as estorinhas que constam no livro deles. Orientar para ilustrá-las. Na primeira, é significativo colo-

car acima ou abaixo do desenho o sobrenome da família, de modo que percebam que, embora sejam três pessoas diferentes, o sobrenome é o mesmo para todos. Na segunda estorinha, aju-dá-los a desenhar o trevo.

Pedir que completem a frase. Resposta: *Deus, três.*

4. Solicitar que, em dupla, desembaralhem as letras, completando as frases.

5. Incentivá-los a decifrar a frase do enigma, a qual será usada para encerrar o encontro. Resposta: *Glória ao Pai, ao Filho e ao Espírito Santo.*

Ao rezar, completar o Glória: *Como era no princípio, agora e sempre. Amém.*

Compromisso do encontro

1. Motivá-los a anotar o que mais gostaram de aprender.

2. Orientá-los a glorificar a Deus nas três pessoas divinas, nos diversos momentos do dia-a-dia.

Diálogo com a família

Pedir que contem aos pais o que aprenderam. Incentive-os a pedir ajuda a eles para fazer uma oração de agradecimento ao Pai, Filho e Espírito Santo.

8

FESTA DO CORPO DE CRISTO

Celebração

Proclamação da Palavra de Deus:
Mc 14,22-24

Reflexão

Destacar junto aos catequizandos que celebrar a Ceia do Senhor é partilhar a mesa comum que só pode nascer da humildade e doação. Assim como o pão e o vinho se transformam em Corpo e Sangue de Cristo, durante a oração eucarística, que tem como centro as palavras da instituição, que nós chamamos consagração, as pessoas são convidadas a se transformar. Por exemplo: se estiverem desanimadas, se animar, se estiverem tristes, se alegrar, se não rezam, rezar... Pois Jesus é o pão vivo que nos dá vida e esperança.

E da mesma forma que repartimos o mesmo pão eucarístico, que é Jesus, devemos repartir o nosso pão comum de cada dia. Por exemplo: vocês podem doar seu tempo, prestando ajuda aos colegas, aos pais, seu sorriso com aqueles que estão tristes...

Partilha

Explorar com eles a importância de que quando forem receber a primeira eucaristia, terem consciência de que ela os alimenta e lhes dá forças para serem solidários com os outros. Só devem recebê-la se desejam ter as mesmas atitudes de Jesus. Questione-os: Vocês desejam receber a Eucaristia (Corpo de Cristo)? Vocês sentem o desejo de serem pessoas animadas, alegres, que trazem dentro de si o espírito solidário de Jesus?

Atividades

1. Após a partilha, pedir que anotem se desejam receber a Eucaristia e se a catequese tem lhes ajudado a desejar viver o amor, a partilha e a doação de Jesus.

2. Motivá-los a decifrar o enigma.

Resposta: *"Quem comer deste pão viverá eternamente"* (Jo 6,51).

3. Para esta atividade, dividir a equipe em grupos, para que, seguindo as pistas, completem as frases e a cruzadinha. Em caso de dúvidas, sugerir que pesquisem o texto inicial.

4. Ler com eles o enunciado da atividade, ajudando-os, caso necessário, com exemplos de desenhos respectivos às boas ações. Os desenhos são simbólicos, por exemplo: Mesmo chovendo fui à catequese. O objetivo é assimilarem a importância de praticar boas ações e oferecer a Jesus um coração bom, capaz de amar e partilhar. Ao terminarem de fazer a atividade, é interessante perguntar-lhes: quais outras boas ações poderiam ser acrescentadas no tapete? Deixe-os falar.

5. Convidá-los a fazer uma visita à capela do Santíssimo, para adorar, louvar e agradecer a Jesus que está ali presente.

Compromisso do encontro

1. Orientá-los a anotar o que de mais importante aprenderam.

2. Dizer-lhes que embora ainda não possam receber a eucaristia é importante desejá-la em seu coração. E também sair da missa com o mesmo propósito dos que a receberam.

Diálogo com a família

Incentivá-los a convidar os pais para que os levem para ver as ruas enfeitadas e para participar da procissão de Corpus Christi. Lembrá-los de mostrar aos pais o tapete que construíram, que consta na atividade 4 do livro.

<h1 style="text-align:center">9</h1>

FESTA DE NOSSA SENHORA APARECIDA

Celebração

Se possível,

- Providenciar uma imagem de Nossa Senhora Aparecida.

- Convidar dois catequizandos para a entrada solene da Bíblia e da imagem de Nossa Senhora.

- Incentivá-los a cantar a seguinte música: **Viva a Mãe de Deus** (KOLLING, 2004, n. 1245).

Proclamação da Palavra de Deus:

Lc 1,26-37

Reflexão

Explorar com os catequizandos que celebrar a nossa Padroeira é fazer a vontade de Deus. É estar atento à atitude que Maria teve na anunciação, quando responde ao anjo: "...faça-se em mim segundo a tua palavra!"

A nossa postura de obediência a Deus é nosso maior gesto de louvor à Mãe de Deus. Cada vez que deixam de cometer o mal, e realizam boas ações, aumenta em vocês a tendência para praticarem apenas o bem, e isto os faz parecidos com Nossa Senhora.

Partilha

Pedir que pensem por alguns minutos em suas atitudes. Em seguida, questione-os: Suas atitudes têm demonstrado obediência a Deus?

Em que vocês precisam melhorar para serem cada vez mais parecidos com Nossa Senhora?

Atividades

1. Ajudá-los, caso necessário, a se expressar em que precisam melhorar para serem parecidos com Nossa Senhora.

2. Pedir que, em dupla, façam o caça-palavras.

3. Dividir os catequizandos em quatro grupos, pedindo que cada grupo leia uma das estórias em voz alta, enquanto os demais prestam atenção. Motivá-los a responder as perguntas oralmente e, a seguir, anotá-las no livro.

4. Incentivá-los a desembaralhar as letras e completar as frases.

Sugestão: Providenciar bexigas azuis e brancas para cada catequizando segurar no alto, enquanto cantam a seguinte música, expressando à mãe do Céu o quanto a amam. Música: **Mãezinha do céu** (KOLLING, 2004, n. 1235).

5. Ao encerrar o canto, pedir que um deles segure a imagem de Nossa Senhora e a levante. Convide todos a dar um viva a Nossa Senhora Aparecida, orientando-os que, no momento em que gritarem VIVA!, devem, juntos, estourar os balões (bexigas).

123

Compromisso do encontro

1. Ajudá-los a se expressar, caso necessário.

2. Motivá-los a imitar as atitudes de Nossa Senhora e a colocar nas mãos dela suas necessidades e da família.

Diálogo com a família

Incentivá-los a convidar os pais para ajudá-los a desembaralhar as palavras e juntos fazerem a oração.

10

FINADOS E FESTA DE TODOS OS SANTOS

Celebração

Proclamação da Palavra de Deus:

Jo 14,1-3

Reflexão

Explorar com os catequizandos que nascemos pequeninos, crescemos e um dia haveremos de morrer.

124

Jesus também nasceu, cresceu, morreu e ressuscitou. Leve-os a pensar em uma semente que precisa morrer para se transformar em planta. Deus não tira nada, mas transforma tudo. Nosso corpo terreno é transformado em um corpo glorioso. A essa transformação damos o nome de ressurreição; a nossa entrada na eternidade, junto à morada de Deus.

A Festa de Todos os Santos é um momento para lembrarmos dos homens e mulheres que não nascerem santos, mas um dia, ouvindo a Palavra de Deus, decidiram viver os ensinamentos de Jesus, em uma vida de amor, caridade, justiça... e, hoje, estão com Deus e intercedem por nós. Isto deve lhes dar coragem para viver uma vida de santidade, praticando o que Jesus lhes ensina.

Partilha

Conversar com eles sobre a importância de evitar o pecado e praticar apenas o que agrada a Deus para viverem a santidade. Questione-os: Vocês estão dispostos a aceitar o chamado de Deus para serem santos? Como se tornar santo?

Atividades

1. Ajudá-los, caso necessário, a se expressar de que maneira eles se tornam santos.

2. Para esta atividade, dividir a equipe em grupos, de modo que completem as frases, procurando as palavras no respectivo quadro, ou, se necessário, no texto inicial.

3. Motive-os a pesquisar na Bíblia (Jo 11,25) e anotar o versículo no livro deles.

4. Sugerimos contar-lhes a estória de Joãozinho[12] para que descubram o que ele tem a lhes dizer. A seguir, refletir com eles as perguntas que constam após a estória. Pedir que respondam oralmente. É importante enriquecer as respostas enfatizando a importância de serem vencedores, principalmente no caminho da santidade.

Segue um pequeno resumo baseado nessa estória:

125

Joãozinho estava conversando com algumas pessoas, sobre os atletas vencedores, que já receberam medalhas nas olimpíadas, quando um menino disse que já ganhou diversas medalhas no futebol.

Então, Joãozinho aproveitou o momento para lhes falar sobre as pessoas que se destacam no amor ao próximo. Seguindo o exemplo de Jesus, são caridosas e dedicam sua vida para cuidar de quem precisa de ajuda: pobres, doentes... No final da vida recebem de Deus, como prêmio, a coroa de justiça, isto é, o céu.

Disse ainda que assim como os grandes esportistas, os santos são modelo que devemos imitar.

Um garoto muito esperto quis saber o que é mais difícil: imitar um famoso atleta ou um santo? E como devem agir?

Joãozinho, então, responde que a admiração pelos atletas nos incentiva a praticar algum tipo de esporte e a cuidar da nossa saúde. E a admiração pelos santos nos deve levar a cuidar de algum doente na família, vizinho ou colega de escola. E a economizar algum dinheiro para ajudar os pobres..., praticando, assim, pequenas obras de caridade. No final da conversa, Joãozinho deseja que a turma toda viva na amizade com Deus, sem pecados graves, sendo vencedores no caminho da santidade.

[12] Pe. Estanislau Klimaszewski, *O Evangelho da criança, ano B*, Congregação dos Padres Marianos, Curitiba, 1990.

- Perguntas de reflexão:
  - Quem sabe o nome de algum atleta famoso?
  - De que maneira podemos imitá-lo?
  - Quem sabe o nome de algum grande santo ou santa?
  - De que maneira podemos imitá-lo(a)?
  - Vale a pena viver na amizade com Deus?

5. Encerrar o encontro com a oração de São Francisco de Assis, cantando com alegria: **Senhor, fazei-me instrumento** (KOLLING, 2004, n. 1420).

Compromisso do encontro

1. Ajudá-los a abordar o que foi mais importante aprender neste encontro.

2. Incentivá-los a rezar pelos entes queridos falecidos, no dia de finados. E também participar da missa de todos os Santos.

126

Diálogo com a família

Motivá-los a contar aos pais o que aprenderam e anotar os santos da devoção da família deles.

11

Advento: Tempo de esperança

Celebração

Proclamação da Palavra de Deus:
Mc 13,33-37

Reflexão

Conscientizar os catequizandos que a nossa vida é passageira. É importante aproveitar bem o tempo presente para praticar o bem e fazer a vontade de Deus.

Sugerimos contar-lhes a estória: *"Conversa de jovens"*.[13] Segue um pequeno resumo.

Em Roma, há muitos anos, alguns jovens estavam jogando boliche, quando, de repente, um deles perguntou aos demais o que fariam se soubessem que em meia hora todos iriam morrer. Pararam o jogo na mesma hora, pensaram por uns instantes e responderam:

– Eu iria depressa à igreja para me confessar, falou o primeiro.

– Eu esperaria a morte ao lado do altar, pertinho de Nosso Senhor, falou o outro.

Então, um jovem deu uma resposta que ninguém esperava.

– Eu continuaria jogando boliche.

Quem deu a melhor resposta? (Obs.: neste momento, deixar os catequizandos falarem, depois concluir a estória).

Todas as respostas são boas e certas. Aquele que tinha a consciência pesada, pensou em confessar seus pecados. O outro que sentia a consciên-

[13] Pe. Estanislau Klimaszewski, M.I.C., *O Evangelho da criança, ano B*, Congregação dos Padres Marianos, Curitiba, 1990, pg. 7

cia limpa, queria morrer pertinho de Jesus. E o que disse que continuaria se divertindo, vivia sempre na amizade com Deus, por isso não tinha medo da morte, porque estava pronto para encontrar-se com Nosso Senhor. Esse deu a mais bonita resposta.

Partilha

Explorar com eles que o tempo do advento os convida a vigiar para não serem surpreendidos Questione-os: Vocês têm aproveitado o tempo presente para praticarem apenas o bem e a vontade de Deus? De que maneira vocês têm se preparado para acolher Jesus que, de modo especial, no Natal, deseja nascer nos seus corações?

Atividades

128

1. Ajudá-los, caso necessário, a expressar de que maneira eles têm se preparado para a vinda de Jesus.

2. Pedir que, em dupla, completem as frases e a cruzadinha.

3. Ajudá-los a desenhar a coroa do Advento.

4. Ler com eles o enunciado e a estória em quadrinhos que consta no livro deles, motivando-os a ilustrá-la.

5. Convidá-los a encerrar o encontro com a seguinte música: **Cante ao Senhor a terra inteira** (1ª estrofe e o refrão) (KOLLING, 2004, n. 830).

Compromisso do encontro

1. Ajudá-los a anotar o que de mais importante foi abordado no encontro.

2. Motivá-los a fazer a proposta do encontro, realizando sempre uma revisão das suas atitudes, para descobrirem em que precisam melhorar.

Diálogo com a família

Pedir que anotem de que maneira os pais têm se preparado para o Natal que se aproxima.

12

NATAL: FESTA DO AMOR DE DEUS PAI POR NÓS

Sugestão

Levar ao encontro uma árvore de Natal, podendo ser um galho seco ou um pequeno pinheiro, para que os catequizandos possam enfeitá-la. Providenciar:

- Cartolina, papel laminado... para que confeccionem cartões de Natal para presentearem os parentes e amigos.

- Enfeites de Natal já prontos ou a serem confeccionados por eles.

129

- Se possível, após a atividade 5, preparar com eles uma ceia de Natal com: uvas, pão doce, suco ou refrigerante... em que todos possam partilhar.

Celebração

Iniciar a celebração com o seguinte canto: **Noite Feliz** (KOLLING, 2004, n. 95).

(Enquanto cantam, sugerimos afixar na lousa ou flanelógrafo a figura de um presépio. Nessa época é possível encontrar nas livrarias ou jornaleiros presépios de cartolina para armar.)

Proclamação da Palavra de Deus:

Lc 2,15-20.

Reflexão

Explorar com os catequizandos que era noite, as estrelas brilhavam no céu e, no silêncio da noite, nasceu o Filho de Deus.

Os pastores foram a Belém e viram Jesus, logo após seu nascimento.

O mesmo Jesus que eles visitaram encontra-se no sacrário. Os pastores viram Jesus pessoalmente, e nós O vemos por meio da nossa fé. É muito importante, sempre que possível, ir à Igreja para visitá-lo.

O Natal é a festa da alegria. O maior presente que todos podem e devem receber é o próprio Senhor, que vem até nós por meio da Eucaristia, da Palavra... É importante vocês se lembrarem que estar em comunhão com Jesus é fazer da sua vida, uma vida de amor e doação.

Partilha

Conversar com eles ressaltando que o melhor presente que podem dar a alguém neste Natal e que tem imenso valor é darem um pouco de si mesmos para os outros. Por exemplo: Dêem uma hora de seu tempo a alguém que precisa de vocês. Façam um ato de bondade a alguém que sente-se esquecido, excluído. Sejam generosos... Pois Jesus nos diz: "O que fizestes a um destes pequeninos, a mim o fizeste." Questione-os: O que vocês podem dar como presente a alguém neste Natal?

130

Atividades

1. Ajudá-los a se expressar com suas palavras o que eles podem dar como presente a alguém neste Natal.

2. Sugerimos contar aos catequizandos a seguinte estória: "O primeiro sorriso de Jesus".

Segue um pequeno resumo:

O primeiro sorriso de Jesus[14]

Já era quase noite e fazia muito frio quando um casal, montado num burrinho, procurava um local para descansar da viagem. O dono de uma estrebaria, que é o lugar onde ficam os animais, deixou que eles passassem a noite lá.

Uma vaquinha deu um pouco do seu alimento, chamado feno, para o burrinho. E sobre um pouco de feno, que estava no chão, José estendeu sua capa e fez uma cama para Maria, sua esposa, dormir, pois ela ia ter um bebê. Sentou-se ao seu lado e os dois dormiram.

Então, uma estrelinha muito brilhante apareceu no céu sobre a estrebaria e o choro de um lindo bebê acordou José, quando Maria o colocava numa manjedoura.

Um pastorzinho visitou o menino e chamou seus amiguinhos pastores para visitá-lo. Ao voltar trouxe leite fresquinho para a Mãe do menino.

"Enquanto a jovem mãezinha bebia o leite, o pastorzinho olhou para o menino Jesus e teve uma surpresa: o bebê sorriu feliz para ele!"

131

• A seguir, motivá-los a ilustrá-la no espaço reservado no livro do catequizando.

3. Ler com eles as mensagens dos cartões. Em seguida, motivá-los a seguir os modelos, confeccionando cartões de Natal para presentearem seus parentes e amigos.

4. Ajudá-los, através de modelos, a criar enfeites para decorar a árvore de Natal, utilizando papel laminado, cartolina...

5. Convidá-los a encerrar o encontro com a seguinte música: **É Natal de Jesus** (KOLLING, 2004, n. 84).

Incentivá-los para que, no final, desejem um ao outro um Feliz Natal.

---

[14] Resumo baseado na estória: ODETTE DE BARROS MOTT, *O primeiro sorriso de Jesus.* São Paulo, Ed. Paulinas, 1983. Estória encontrada em MARIA ALICE M. DEL ESTAL; THEREZINHA M.L. DA CRUZ, *Educação religiosa. Iniciação – Irmãos a caminho,* Ed. FTD, São Paulo, 1984.

Compromisso do encontro

1. Ajudá-los a abordar o que mais gostaram de aprender neste encontro.

2. Motivá-los a presentear as pessoas dando a elas um pouco de si mesmos, principalmente amor.

Diálogo com a família

Incentivá-los a conversar com os pais sobre o que aprenderam. Lembrá-los de entregar-lhes um cartão de natal, acompanhado de um forte abraço e um afetuoso beijo.

Observação

– Na parte III deste livro há uma sugestão para revisão dos encontros de 7 a 12 – Parte II.

132

PARTE III

Sugestões para revisão

Paróquia............................... Comunidade...

Catequese Familiar

Nome: ....

Seu Catequista: ....

Revisão (Encontros de 1 a 8 – Parte I)

1. A partir do dia do meu Batismo eu me tornei filho(a) de Deus e come-cei a fazer parte da Igreja, que é a comunidade viva dos filhos de Deus.

   Completar as frases:

   • Se sou filho dele, então Deus é meu _____.

   • Todos os filhos de Deus são meus _____.

   • A casa de Deus é a _____.

   Assinalar com um X com que freqüência você participa da Missa na sua comunidade.

   135

   ☐ Todos os domingos   ☐ De vez em quando

   | A igreja é um lugar sagrado onde devo me comportar com muito respeito. |

2. A Bíblia é um livro sagrado todo inspirado por Deus, pelo qual Deus se comunica comigo e com todos os seus filhos.

   Desembaralhar as letras e completar as frases:

   • A Bíblia é a _____ ARVALAP de _____ USED .

   • Ao ler a Bíblia eu _____ BROUCSED qual é a _____ EDATNOV de Deus na minha _____ ADIV .

- Deus quer que eu _____ QUEPRATI apenas o

  _____ MEB e que me afaste do _____ LAM .

- Quando eu vivo como Deus _____ REUQ me torno

  forte como uma _____ CHAOR e sou muito _____

  ZILEF .

> A Palavra de Deus é a luz que ilumina a nossa vida.

3. No começo, Deus criou o céu e a terra. As trevas cobriam o abismo. Então, no primeiro dia da criação, Deus criou a luz.

   Completar:

   - À luz Deus chamou _____ .
   - Às trevas Ele chamou _____ .

   Responder:

   - O que você mais gosta de fazer durante o dia?

   _____

   _____

   _____

   - O que você mais gosta de fazer à noite?

   _____

   _____

   _____

> Obrigado, Senhor, porque fizestes a noite para eu dormir e descansar e o dia para eu poder realizar tantas coisas boas!

4. No segundo dia da criação, Deus criou o céu (firmamento) para **separar as águas** que estão abaixo do céu das **águas** que estão acima do céu.

Completar:

• É do céu que Deus nos envia a _____ que enche os rios e os mares.

• Dos rios vem a _____ que sacia a nossa sede e é essencial para a sobrevivência de todos os _____ vivos.

> Como Deus é bom e quão grande é a sabedoria divina!

5. No terceiro dia da criação, Deus criou: a terra, o mar e as plantas.

Assinalar <u>sim</u> se a afirmativa for correta e <u>não</u> se for incorreta:

• Tudo o que Deus criou é para o nosso bem.

☐ Sim ☐ Não

• Algumas plantas nos servem de remédio e outras de alimento.

☐ Sim ☐ Não

• Quando eu desperdiço e estrago o que a terra e o mar produzem estou contribuindo para preservar a natureza que Deus criou.

☐ Sim ☐ Não

> Deus viu que tudo o que havia feito era muito bom (Gn 1,31).

6. No quarto dia da criação, Deus criou: o sol, a lua e as estrelas.

Pesquise em sua Bíblia Gn 1,14-15 e anote aqui o que Deus disse:

_____

_____

_____

> Deus é grande e poderoso! Deus fala e a criação se torna realidade pelo poder da sua Palavra.

137

7. Os peixes, as aves e todos os animais foram criados por Deus, no sexto dia da criação.

Completar, corretamente, as frases seguintes, escolhendo entre estas palavras: lã, canto, ovos, carne, mel, casa, amor, bem, vida, reciclagem e poluir.

• Deus criou tudo por _____, pensando em nosso _____.

• Os peixes, as aves e os animais nos alimentam com a sua _____ e algumas aves também com os seus _____ .

• As ovelhinhas nos aquecem com a sua _____, os cães vigiam a nossa _____, os passarinhos nos alegram com o seu _____, as abelhas nos fornecem um delicioso _____...

• A _____ do papel, vidro, lata, plástico... ajuda a não _____ e preservar a natureza: o solo, as matas, as águas, o ar..., sendo essencial para preservar a _____ de toda a criação, inclusive a nossa vida.

138

8. Ainda no sexto dia, ao terminar a sua maravilhosa obra da criação, Deus criou o homem e a mulher a sua imagem e semelhança.

Desembaralhar as letras invertidas e completar as frases:

• Deus nos _____ UOIRC por amor e para o _____ ROMA .

• Deus nos criou _____ DOSPARECI com Ele: livres, _____ GENTESINTELI , capazes de _____ ARAM , de _____ ARCRI coisas, de _____ DARCUI de tudo que Ele criou.

Que tal fazer uma oração de agradecimento a Deus pelo dom da sua vida e por tudo o que Ele criou?

_____

_____

_____

Paróquia............................... Comunidade...

Catequese Familiar

Nome: ....

Seu Catequista: ....

Revisão (Encontros de 9 a 16 – Parte I)

1. No sétimo dia, após o término de todo seu trabalho da criação, Deus descansou. Ele abençoou e santificou esse dia.

   Completar as frases e os quadradinhos:

   – O _____ é o dia do meu descanso semanal. É também chamado o "Dia do _____ ."

140

   – Participar da _____ é o meu compromisso mais _____, aos domingos.

   – É muito bom louvar e _____ a Deus por tudo o que Ele me concedeu durante a _____ .

2. Deus nos criou para sermos felizes para sempre, vivendo em perfeita amizade com Ele, no paraíso.

   Desembaralhar as sílabas:

   • Adão e Eva, enganados pela _____ TE PEN SER , desobedeceram a _____ USDE e comeram o fruto _____ BI PROI DO .

• Então, eles cometeram _____ DO PE CA e foram expulsos do _____ SO RAÍ PA.

• Por causa do _____ DO CA PE, o mal, o sofrimento e a _____ TE MOR entraram no mundo.

3. Com o passar do tempo, os seres humanos se tornaram maus. Deus enviou o dilúvio sobre a terra, mas salvou Noé e sua família, porque ele era um homem bom e justo. Assim começa um mundo novo.

• Para ser bom e justo como Noé, anote quais são as boas atitudes que você tem praticado?

– Em casa:

_____

_____

_____

– Na escola:

_____

_____

_____

• Que atitude má precisa ser destruída dentro de você para agradar a Deus?

_____

_____

_____

141

4. Os mandamentos nos ensinam a praticar o que é certo e bom aos olhos de Deus.

    • Completar as frases e os quadradinhos:

    – Deus faz uma _____ com Moisés e, no Monte Sinai, lhe entrega os Dez _____ .

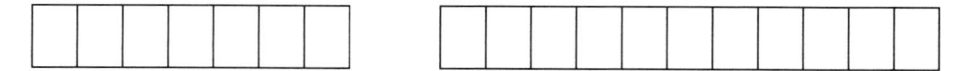

    – O primeiro mandamento é: Amar a _____ sobre todas as _____.

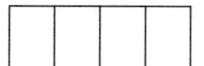 

142

Decifrar o enigma:

A = 🕊   C = ☕   D = ☀   E = ✏   G = ♡   H = 👤

I = 🌳   L = ☁   M = ☆   N = ⬛   O = ⛵   P = 🐱

R = 🏠   S = ✿   U = 🍃   V = ✂

_____   _____

_____   _____   _____

_____   _____   _____

5. Jesus, o Salvador prometido por Deus, nasceu pobrezinho, em Belém.

Seguindo as pistas, completar as frases, preencher a cruzadinha e anotar aqui a palavra-chave:

143

1. Maria era uma _____ fiel a Deus, virgem, pura, que vivia em Nazaré.

2. O povo esperava há muito tempo a vinda do _____ , o Salvador prometido por Deus.

3. Quando Maria recebeu a _____ do Anjo Gabriel, seu coração encheu-se de alegria ao saber que seria a Mãe de Jesus.

4. Quando Jesus _____ , sua Mãe o enrolou em faixas e o colocou numa manjedoura.

5. Hoje Jesus está _____ no meu coração e eu desejo que Ele nasça no coração de todas as pessoas.

6. Jesus foi crescendo em estatura, sabedoria e graça, diante de Deus e dos homens.

Desembaralhar as sílabas:

• Como fez Jesus, eu também devo _____ CER DE BE O aos meus pais.

• Jesus deseja que eu cresça não apenas em tamanho, mas, principalmente, no _____ TO MEN CI NHE CO das coisas de Deus.

• Por isso, Ele me chamou para vir à _____ SE QUE TE CA .

144

7. Jesus inicia a sua missão e anuncia um mundo novo, o Reino de Deus, onde todos serão felizes, pois tudo estará de acordo com o amor e a vontade de Deus.

Completar as frases e os quadradinhos:

• "O Reino de _____ está em mim, em _____, em nós".

• Todo gesto de _____, partilha e bondade é semente que faz _____ o Reino de Deus.

Assim como o fermento faz a massa crescer, eu também preciso ajudar os amigos, a família e o mundo a crescerem no amor, na alegria, na partilha...

8. Certa vez, Jesus disse: "Deixem as criancinhas virem a mim e não as impeçam, pois delas é o Reino de Deus" (Lc 18,16).

Relacionar a 1ª com a 2ª coluna:

1. Jesus tem por nós, crianças, um amor especial e deseja

( ) "em idade, estatura (tamanho), sabedoria e graça diante de Deus e das pessoas".

2. Nós, crianças, somos inocentes, verdadeiras, alegres, amigas e

( ) construir um mundo novo e melhor, onde reinem a justiça, o amor e a paz.

3. Jesus quer que, como aconteceu com Ele, a gente também cresça

( ) que os adultos sejam parecidos com a gente.

4. Ao participarmos da catequese, o Senhor nos chama a ajudá-lo a

( ) temos o coração puro e cheio de amor.

145

Senhor Jesus, abençoai todas as crianças do Brasil e do mundo!

Paróquia.............................. Comunidade.............................

Catequese Familiar

Nome: ....

Seu Catequista: ....

Revisão (Encontros de 17 a 26 – Parte I)

1. Jesus, cansado da caminhada, senta-se junto ao poço de Jacó e pede um pouco de água a uma samaritana que veio tirar água do poço.

Pesquise em sua Bíblia Jo 4,13-14, e anote o que Jesus disse a ela:

_____

_____

_____

_____

_____

_____

Jesus é a água viva que sacia a nossa sede!

2. Jesus quer que todos entendam o que Ele nos ensina. Por isso, fala muitas vezes por meio de parábolas (comparação).

Desembaralhar as letras:

- Jesus compara as _____ SASIOC do Reino de Deus com as coisas da _____ ADIV do povo.

- Certo dia, Ele disse: "Eu sou o Bom _____ ROTSAP, aquele que dá sua vida pelas _____ VEOLHAS."

146

• Jesus vai em busca daqueles que se encontram _____ SOHNIZOS , excluídos e distantes de Deus. Ele quer que todos permaneçam _____ SODINU no amor.

• Eu também devo ir em busca daqueles _____ SAGELOC que ficam isolados do grupo ou se afastaram da _____ ESEUQETAC .

Jesus disse: "Meu Pai me enviou para reunir todas as pessoas numa grande família, como o pastor reúne todas as ovelhas num grande rebanho" (Jo 10).

3. Com a parábola do joio e o trigo, vocês aprenderam que o bem e o mal crescem juntos dentro de nós e das outras pessoas.

Responder:

– O que o trigo representa?

_____

_____

_____

– O que o joio representa?

_____

_____

_____

– Quais atitudes em você precisam ser corrigidas para se tornar uma pessoa melhor?

_____

_____

_____

147

4. Com a parábola do Pai bondoso, Jesus nos ensina que Deus é um Pai que ama e perdoa todo aquele que dele se afastou e volta arrependido.

Desembaralhar as sílabas e completar as frases:

• O _____ LHO FI ingrato viajou para bem longe e gastou toda a sua _____ RAN HE ÇA em farras.

• Sem _____ RO NHEI DI , ele passou fome e _____ RE AR PEN DO DI voltou para casa e pediu _____ DÃO PER a seu pai.

• O pai o perdoa e ainda faz uma _____ TA FES porque seu _____ LHO FI estava _____ DO DI PER e foi reencontrado.

> Deus se alegra por causa de um pecador que se arrepende.

148

5. Por meio da parábola do Bom Samaritano, Jesus me revela quem é o meu próximo e me ensina a amá-lo como amo a mim mesmo.

Completar as frases corretamente, escolhendo entre as seguintes palavras:

> ajuda, Deus, necessitados, nós, irmão e eu.

• Hoje, muitos irmãos _____ precisam da _____ de alguém que tenha bom coração como o samaritano.

• _____ quer ajudá-los, mas conta com cada um de _____ para realizar este trabalho.

• Cada vez que _____ ajudo a quem precisa, perdôo a quem me ofende e acolho um _____, também sou um bom samaritano.

> Todos os dias Deus nos dá a oportunidade de fazermos o bem a quem precisa.

6. Certo dia, Jesus disse que Ele é a verdadeira videira e nós somos os ramos. Se a gente ficar unido a Ele e guardar a sua Palavra, tudo o que pedirmos receberemos.

Relacionar a 1ª com a 2ª coluna:

1. "Eu sou a videira e meu   ( ) muitos frutos eu darei.

2. Se eu ficar unido à videira   ( ) Pai é o agricultor".

3. A glória de Deus Pai é conhecida   ( ) Jesus também nos ama.

4. Assim como Deus Pai ama Jesus,   ( ) por meio das boas ações que nós fazemos.

5. Para permanecermos unidos a Jesus   ( ) precisamos viver o mandamento do amor.

"A minha alegria esteja em vocês e a sua alegria seja completa" (Jo 15,11).

149

7. Continuando a ensinar por meio de parábolas, Jesus disse: "O Reino de Deus é como um homem que lançou a semente na terra: ele dorme e acorda, de noite e de dia, mas a semente brota e cresce sem que ele saiba como. A terra por si mesma produz fruto" (Mc 4, 26-27).

Cada vez que você escolhe viver conforme os ensinamentos de Jesus e praticar boas atitudes e ações, o Reino de Deus cresce um pouco mais. Marque com um X os sinais desse crescimento em você:

( ) Obedeço e respeito meus pais.

( ) Desrespeito meu catequista e minhas professoras.

( ) Ajudo a quem está passando fome.

( ) Louvo e agradeço a Deus, pela minha família e por tudo o que ele me dá.

( ) Brigo com meus irmãos e com os colegas.

( ) Ouço com atenção tudo o que me ensinam sobre Jesus.

( ) Amo e ajudo meus pais e irmãos.

8. Foi numa festa de casamento em Caná que Jesus realizou o primeiro milagre (sinal), atendendo ao pedido de sua Mãe, Maria.

Desembaralhar as sílabas e completar as frases:

- Maria disse aos _____ TES VEN SER : "Fazei _____ DO TU o que Ele vos _____ SER DIS" (Jo 2,5).

- _____ SUS JE transformou a água em _____ NHO VI .

- Jesus quer realizar _____ LA GRES MI em minha DA VI .

> Milagres são sinais do amor de Deus por nós.

150

9. Com apenas cinco pães e dois peixinhos, Jesus sacia a fome de milhares de pessoas e ainda sobram doze cestos: é o milagre da multiplicação dos pães.

Completar as frases, escolhendo entre as seguintes palavras: fome, tem, pão, partilhar, multiplicação e amor.

- Quando partilho o _____ acontece a _____.

- Se todos repartissem o que _____ ninguém mais passaria _____ no mundo.

- Além do alimento, posso _____ o que aprendi, o meu _____, carinho, atenção, brinquedo...

> Senhor, ensina-me a abrir as mãos para repartir o pão.

10. Jesus ressuscitou seu amigo Lázaro, que havia sido sepultado há quatro dias.

Pesquise em sua Bíblia Jo 11,25-26, e anote aqui o que Jesus disse:

_____

_____

_____

_____

Decifrar o enigma:

A = 🕊 C = ☕ D = ☀ E = ✏ É = ♡ F = 👤

H = 🌳 I = ☁ L = ☆ M = 📦 N = ⛵ O = 🐱

Q = 🏠 R = 🌸 S = 🍃 T = ✂ U = 🕯 V = 🔔   **151**

_____   _____   ____   _____

_____   _____   _____   _____

_____   _____   _____   _____

_____   _____

(Jo 11,27)

Paróquia.. Comunidade...

Catequese Familiar

Nome: ....

Seu Catequista: ....

Revisão (Encontros de 1 a 6 – Parte II)

1. Como filhos necessitamos nos reunir na casa do Pai, a igreja, para celebrar os acontecimentos importantes da vida de Jesus e também da nossa vida.

   Que tal procurar na cruzadinha as palavras que completam as frases seguintes:

									T	
A	N			L					E	
D	A			I					M	
V	T			T					P	
E	A			U					O	
A	N	O	L	I	T	U	R	G	I	C	O
T							G		O	
O							I		M	
	P	Á	S	C	O	A		Q	U	A	R	E	S	M	A
									M	

152

_____ é uma conversa (diálogo) entre Deus e nós e entre nós e Deus.

_____ é o período de doze meses onde a Igreja celebra os principais acontecimentos da vida de Jesus e as festas, sendo a principal a Páscoa.

O ano litúrgico é divido em tempos litúrgicos que são: o _____,
o _____, o _____, a _____,
e a _____ .

2. A Quaresma é um tempo de penitência e conversão, no qual a Igreja nos prepara para a celebração da festa da Páscoa.

Localizar no caça-palavras algumas palavras que ouvimos com freqüência na Quaresma: Campanha da Fraternidade, cinzas, penitência, partilha, conversão, oração, esmola, jejum, igualdade, justiça, paz e necessitados.

S	A	Z	N	I	C	L	P	A	R	T	I	L	H	A
D	N	O	M	Y	A	R	O	V	I	L	A	U	P	O
A	C	A	M	P	A	N	H	A	D	A	F	M	A	S
N	E	D	L	I	N	E	R	T	Y	Q	R	W	R	T
A	P	S	O	Ã	Ç	A	R	O	S	H	A	K	G	C
I	S	E	C	A	R	L	I	J	N	G	T	A	R	O
C	V	S	I	A	A	G	N	J	T	R	E	T	E	N
N	E	M	N	Ç	N	Z	O	E	A	L	R	R	E	V
Ê	N	O	E	I	A	A	S	J	Z	E	N	I	T	E
T	E	L	L	T	R	P	L	U	E	A	I	J	B	R
I	L	A	R	S	T	K	S	M	R	F	D	N	A	S
N	L	R	I	U	Y	J	I	A	E	A	A	M	R	Ã
E	E	Q	D	J	U	H	W	P	T	R	D	A	T	O
P	S	O	D	A	T	I	S	S	E	C	E	N	A	T
Z	I	G	U	A	L	D	A	D	E	T	O	N	N	L

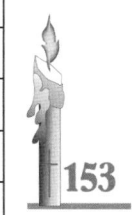

153

Jesus nos ensina a praticar a caridade com nossos irmãos mais pobres e a construir um mundo mais justo e fraterno, onde todos tenham: alimento, casa, saúde, educação...

3. Na Semana Santa nós celebramos os mistérios da Paixão, Morte e Ressurreição de Jesus.

Completar as frases, desembaralhando as sílabas:

• A Semana Santa começa no Domingo de _____ MOS RA , quando celebramos a entrada _____ UN TRI FAL de Jesus, em Jerusalém, montado em um _____ NHO TI MEN JU .

• Na Quinta-Feira Santa celebramos a Última _____ A CEI de Jesus e a cerimônia do _____ – PÉS VA LA .

• Durante a Última Ceia _____ SUS JE instituiu o Sacramento da _____ TIA RIS CA EU , transformando o pão e o vinho em Seu _____ PO COR e _____ GUE SAN .

154

4. Jesus morreu na cruz para nos abrir as portas do céu e nos dar a salvação.

Relacionar a 1ª com a 2ª coluna:

1. Na Sexta-Feira Santa celebramos a	( ) Jesus ressuscitou glorioso.
2. Ao morrer pregado numa cruz Jesus nos dá a maior	( ) O grandioso acontecimento da ressurreição de Jesus.
3. No terceiro dia após a sua morte	( ) Paixão e a Morte de Jesus.
4. É na vigília Pascal e no domingo de Páscoa que celebramos solenemente	( ) prova do seu amor por todos nós.

A Páscoa é a vitória de Jesus sobre o mal e a morte. Hoje Ele vive no meio de nós e nos dá a certeza da nossa ressurreição.

5. Quarenta dias após a Páscoa celebramos a festa da Ascensão (elevação ao céu) de Jesus.

Completar as frases, desembaralhando as sílabas:

• Antes de subir ao _____ U CÉ Jesus pediu aos discípulos para irem pelo _____ DO MUN inteiro anunciar o _____ LHO VAN GE E a todos os povos.

• Disse-lhes ainda: "Façam que todos se tornem meus _____ LOS CÍ DIS PU , batizando-os em _____ ME NO do Pai e do _____ LHO FI e do Espírito Santo.

• Jesus os abençoou e lhes pediu para serem suas _____ NHAS MU TE TES _____ em _____ DAS TO as partes do mundo.

155

> Hoje, Jesus me abençoa com a força do Espírito Santo e me pede para testemunhar o seu amor e as suas maravilhas junto aos meus irmãos.

6. Pentecostes é a festa da vinda do Espírito Santo sobre os Apóstolos e representa o início da nossa Igreja.

Que tal relembrar os dons do Espírito Santo, desembaralhando as sílabas:

RIA SA DO BE   TO EN DI MEN TEN   CIA CI ÊN   LHO SE CON

_____   _____   _____   _____

ZA LE FOR TA   DE PIE DA   MOR TE DE US DE

_____   _____   _____

• Decifrar o enigma:

Paróquia.. Comunidade..

Catequese Familiar

Nome: ....

Seu Catequista: ....

Revisão (Encontros de 7 a 12 – Parte II)

1. Deus se revelou ao mundo como uma comunidade de amor: o Pai, o Filho e o Espírito Santo.

   Desembaralhar as letras e completar as frases:

   - _____ RIOÉTSIM é algo tão grande e profundo que a nossa _____ ÇAEBAC e a nossa inteligência se tornam _____ NASEUQEP demais para entendê-lo.

   157

   - A Santíssima _____ DEADNIRT é o mistério de um só _____ UDES em _____ SÊRT pessoas.

   - Sempre que faço o _____ LANIS da Cruz louvo a Trindade _____ ATNAS: o _____ AIP, o Filho e o _____ TOIRÍPSE Santo.

2. Na Festa do Corpo de Cristo celebramos e manifestamos, publicamente, nossa fé na presença real de Jesus na eucaristia.

Relacionar a 1ª e a 2ª coluna:

1. Creio que Jesus está

(　) primeira vez, Jesus na eucaristia.

2. Cristo é o "Pão da Vida", o "Pão Vivo

(　) vivo e presente na hóstia consagrada.

3. Devo me preparar muito bem para receber pela

(　) Descido do Céu, para dar vida ao mundo".

4. Cristo está presente, também nos outros Sacramentos,

(　) na Sua Palavra, na comunidade que reza unida...

> A Eucaristia é modo especial que Jesus encontrou para ficar comigo, me dar força e coragem e me sustentar firme e forte no caminho que me leva ao céu.

158

3. Com seu exemplo de vida, Maria me ensina a viver conforme a vontade de Deus.

Completar as frases e os quadradinhos:

• No Brasil, a mãe de Jesus ganhou o título de Nossa Senhora

_____ .

• Ela é também reconhecida e carinhosamente chamada de Rainha e _____ do Brasil.

• A melhor maneira de demonstrar o meu amor por _____, minha Mãezinha do Céu, é amar e seguir o seu querido Filho _____.

4. A nossa vida aqui na terra é um tempo especial, e também preparação para um dia irmos ao encontro do Senhor.

Desembaralhar as letras e completar as frases:

- Deus me chama para ser _____ OTNAS e um dia

ocupar o _____ RAGUL que Ele me _____

UORAPERP no céu.

- Para ser santo preciso _____ RIVUO e pôr em prática os ensinamentos de _____ SUSEJ , pois Ele é o

_____ OHNIMAC que me leva ao Pai.

- Desejo viver na _____ EDAZIMA com Deus para ser

_____ RODECNEV no caminho da santidade.

159

Jesus é a garantia do infinito amor e da imensa misericórdia de Deus por nós.

5. O Advento é um tempo de espera, hora de despertar e estar atento porque a salvação está bem perto de nós.

Relacionar a 1ª com a 2ª coluna:

1. É muito importante me preparar muito bem para

( ) para acolher o Menino Jesus, que vem ao mundo para me salvar.

2. Vou fazer do meu coração uma nova manjedoura

( ) em que preciso melhorar para agradar a Deus.

3. Preciso rever as minhas atitudes e descobrir

( ) celebrar o nascimento de Jesus, que ocorre no Natal.

6. Natal: "Hoje nasceu para nós o Salvador, que é Cristo o Senhor" (Lc 2,11).

Desembaralhar as sílabas e completar frases:

• A palavra de Deus se fez _____ TE GEN no seio da Virgem _____ A MA RI e veio viver entre nós.

• Jesus é a _____ ÇA PRE SEN do próprio Deus aqui na _____ RA TER.

• Jesus é o melhor _____ TE SEN PRE que cada um de nós pode e deve _____ CE BER RE.

• No Natal, posso presentear as _____ SO AS PES dando-lhes um pouco de mim mesmo, especialmente, _____ MOR A.

160

Natal é a festa da família porque Deus quis nascer em uma delas: a Sagrada Família.

Conclusão

Catequista,

Você chegou ao final da primeira etapa da catequese que prepara crianças para a primeira eucaristia e as encaminhou à fonte da vida que é Jesus Cristo.

Terminando esta etapa, é de suma importância incentivar agora os catequizandos e seus pais a iniciarem a segunda etapa da catequese, onde a presença e participação dos pais ainda é mais requisitada.

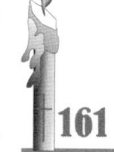

161

Durante um bom tempo elas receberam uma grande formação cristã através de sua dedicação, amor, firmeza e convicção. Você lançou no coração das crianças, seus catequizandos, sementes que, sem dúvida, mais cedo ou mais tarde, darão fruto. Não cabe ao catequista colher, mas tenha certeza, Deus dá força e fecundidade ao seu trabalho que vai dar fruto um dia, trinta, sessenta ou cem por um. Parabéns por seu trabalho!

Pe. Paulo e equipe

Referências

A Bíblia para crianças. A mensagem de Deus para as crianças, Editora "A Fé".

Bíblia de Jerusalém, São Paulo, Paulus, 1996.

Cantos e Orações – para a liturgia da missa, celebrações e encontros – Edição A – Irmã Míria T. Kolling, ICM – Frei José Luiz Prim, OFM – Frei Alberto Beckhäuser, OFM – Petrópolis: Vozes, 2004.

CENTRO CATEQUÉTICO DIOCESANO-DIOCESE DE OSASCO. *Livro do catequizando em preparação à Eucaristia – 2ª Etapa: Fé, vida, comunidade.* Coordenação Ir. Mary Donzellini, MJC, São Paulo, Paulus, 1994.

CRUZ, THEREZINHA MOTA LIMA DA, *Irmãos a caminho,* livro 3/ CRUZ, THEREZINHA MOTA LIMA DA; MOUTINHO DEL ESTAL, MARIA ALICE, São Paulo, FTD, 1984.

CRUZ, THEREZINHA M.L. DA. *Irmãos a caminho: educação religiosa 5.* CRUZ, THEREZINHA MOTA LIMA DA; MOUTINHO DEL ESTAL, MARIA ALICE, São Paulo, FTD.

DIOCESE DE JUNDIAÍ-PARÓQUIA DE SÃO BENEDITO-SALTO, *Temas. Catequese familiar – catequese rumo ao novo milênio,* apostila.

DIOCESE DE OSASCO – IGREJA CATÓLICA. *Livro do catequista: Fé, vida, comunidade.* Centro Catequético Diocesano (coordenação: Ir. Mary Donzellini), São Paulo, Paulus, 1994.

DIOCESE DE PIRACICABA, *Nossa conversa com Jesus* (Parábolas do Reino de Deus), (Apostilas).

ESTAL, MARIA ALICE MOUTINHO DEL, *Irmãos a caminho: educação religiosa: iniciação.* CRUZ, THEREZINHA MOTA LIMA DA; MOUTINHO DEL ESTAL, MARIA ALICE, São Paulo: FTD. 1984.

HAENRAETS, PE. PAULO, *Iniciação na fé*, Um caminho para a catequese familiar, Petrópolis, Vozes, 2003.

PÉREZ MONTERO, JOSÉ, *A Bíblia ilustrada para crianças com texto tirado da Bíblia na Linguagem de Hoje,* Ilustrada por José Pérez Montero, Sociedade Bíblica do Brasil, 1994.

PINCINATO, MARIA DE LURDES MEZZALIRA, *A caminho da Eucaristia,* 1ª etapa-catequista (Diocese de Jundiaí, apostila), 1995.

STORNIOLO, IVO, *O amor que dá vida,* 6ª série, STORNIOLO, IVO; BORTOLINI, JOSÉ, São Paulo, Paulus, 1993 – (Bíblia na escola).

STORNIOLO, IVO, *O projeto de Jesus,* 5ª série, STORNIOLO, IVO; BORTOLINI, JOSÉ, São Paulo, Paulus, 1993 – (Bíblia na escola).

STORNIOLO, IVO. *Deus dá vida e liberdade,* 1ª série. STORNIOLO, IVO; BORTOLINI, JOSÉ, São Paulo, Paulus, 1993 – (Bíblia na escola).

VÁRIOS AUTORES, *Crescer em comunhão com Jesus Cristo (coleção),* Volume II, livro do catequista, 16ª edição, Petrópolis, Editora Vozes Ltda., 1997.

VÁRIOS AUTORES, *Crescer em comunhão com Jesus Cristo (coleção),* Volume III, livro do catequizando, 16ª edição, Petrópolis, Editora Vozes Ltda., 1997.

O Ano Litúrgico

Jogos, artes e dinâmicas para a catequese

Francine Porfirio Ortiz
Viviane Mayer Daldegan

O Ano litúrgico – jogos, artes e dinâmicas para a catequese é um livro que reúne diferentes propostas de atividades para apresentar dinamicamente o tema do Ano Litúrgico, sendo este um conteúdo presente no programa e em muitos manuais de catequese.

É um recurso que visa contribuir para explorar junto aos catequizandos alguns aspectos presentes nas celebrações. É, portanto, um subsídio complementar à prática catequética.